ポストコロナのヘルスケア経営戦略

羽田明浩・鈴木秀一・平鹿一久［著］

文眞堂

はじめに

本書が述べる「ポストコロナのヘルスケア経営戦略」は、新型コロナウイルスが世の中にあるのが当たり前でウイルスと共存する状況におけるヘルスケア業界の取り得る経営戦略について述べたものである。

この本を執筆するきっかけを以下に述べさせていただく。新型コロナウイルス感染が広がり、テレワークが行われたいた２０２０年の秋頃に、筆者が博士論文の指導教員であり本書の共同執筆者である鈴木秀一先生とオンラインで近況について話し合っていた。その際筆者が、「新型コロナウイルス感染症対応で日夜奮闘しているの対して、我々がこれまで学び、かつ教えている経営学は、ヘルスケア業界にとって何ら役に立たない学問ではないだろうか?」と述べたことに対して、鈴木先生から「そのような事はない！　経営学にはヘルスケアスタッフやヘルスケア業界に取っても非常に役に立つ理論がある」そして「われわれ経営学の研究者は、直接には患者を救うことはできないし、医療経営に携わることはできないが、彼らに役立つことを伝えることはできる！」と言われたことが発端であった。その日のうちに、鈴木秀一先生と筆者が専門とする経営戦略論を中心にヘルスケア業界に役立つ研究を行い、その研究を踏まえて本を出そうということが決まった。そして、２０２０年11月からオンラインで、経営戦略理論の確認と併せてヘルスケア業界の動向に関しての研究会が始まった。

第2回目より、デジタルトランスフォーメンション（DX）についての実務経験が豊富な平鹿一久氏に参加いただき勉強会は会を重ねた。その結果としてヘルスケア業界の経営戦略にもデジタルトランスフォーメーション（DX）が不可欠であることは述べさせていただいている。

本書の構成と内容は以下のようになっている。

第1章の、ヘルスケア業界については、この本が対象とするヘルスケア業界の市場規模や業界の従事者数を述べ、ヘルスケア業界の動向を述べたうえで、ポストコロナにおける医療提供体制について述べている。

第2章の、組織論からみる病院の組織特性については、病院を中心にヘルスケア組織の組織デザインや発展段階を述べたうえで、組織の特殊性等について述べている。

第3章の、ヘルスケア業界の競争戦略論は、ヘルスケア業界においての競争戦略と協調戦略を述べたうえで、ダイナミックケイパビリティと両利きの経営について述べている。

第4章の、ドラッカー理論からみた医療制度は、ドラッカー理論を述べたうえで、医療と社会のマネジメントにおいてドラッカーによる医療組織論を述べている。そしてコラムに、デジタル化を阻むもの、を載せている。

第5章の、イノベーション戦略論と医療改革は、わが国での医療改革について、クリステンセンのイノベーション理論によるヘルスケア業界におけるイノベーションの可能性について述べ、両利きの経営や創発戦略等の経営戦略理論を用いて、デジタルを用いたヘルスケア業界の変革の可能性について述べている。尚、５章には、コラムとして、医療とデジタル技術、ＩＴとデジタル技術、ＤＸ（デジタルトランスフォーメーション）の定義、指数関数的な成長、デジタル技術と「対話」、を記載しているので、デジタルに関してなじみのない方たちにもわかりやすいように文を加えている。

２０１９年12月に中国・武漢で発生した新型コロナウィルス感染症は、翌年１月に国内初の感染者が確認され2月には国内初の死者が発生している。その後４月の緊急事態宣言を受けて飲食店等が休業し企業でもテレワークが推進されるようになった。今日までに何回かの非常事態宣言と蔓延防止措置が行われている。病院や診療所に勤務する医療従事者は、発熱外来に勤務する方をはじめとする新型コロナウイルスに感染した患者への対応から、帰宅を制限し、家族との団らんを制限するなどの状態は今でも続いている。筆者が講義する医療人材向けの大学院（国際医療福祉大学大学院ヘルスケアＭＢＡ）に通う大学院生には、所属施設のきまりによって都内への異動制限から対面の授業に参加できずにオンラインで授業に参加している方もいる現状が続いている。

ここでポストコロナの時代に向けた対応について述べていくと、人々の外出時のマスク着用、建物に入る際のアルコール消毒と検温が常時行われており、大学の授業は対面授業とオンラインを併用した授業を行っている。諸々の会議は全てオンラインによって行われており、学会等同様にオンラインによって行われている。これらのオンラインによる授業や会議や学会報告は、２０２０年3月以前は経験したことがなかったが、新型コロナウイルス感染症の拡大への対応からこれまでと異なる行動様式に変更している。

会議や打ち合わせではオンラインが活用されているのと同様に、診療に際してもオンラインが活用されようとしている。オンラインによる会議等は、直接面談するのに比べて、相手の反応が見極めにくい、微妙なやり取りが難しい、活発な議論は難しい、などのマイナスの面もある一方で、会議に集まる移動時間の短縮、どこからでも会議に参加できる、さらに感染懸念が少なくなるなどのメリットもあると捉えられている。オンラインの診療も同様で、診察する医師にとって、直接診察することと異なり病状が分かりにくいという問題はあるものの、罹患している患者が診察のために医療機関に行かなくてもよいなどのメリットも生じている。

医療機関は、2025年問題への対応からの地域医療構想を背景に大きな転換期を迎えている。すなわち「病院完結型」から「地域完結型」への移行であり、各医療機関による診療機能の分化と地域医療連携が必要になり、医療機関にとっては競争戦略から協調戦略への転換と捉えることができる。そのうえで改めて平時の医療提供から非常時の医療提供の対応が求められている。本書はこのようなポストコロナ時代を迎えるに当たって様々なヒントを述べており、ヘルスケアスタッフにとってお役に立つことができれば幸いである。

本書が想定する読者層は、医療機関に勤務する医師、看護師他のヘルスケアスタッフの他に医療経営を学んでいる大学院生や学部生、そのほかにヘルスケアに関心がある人々を対象としている。

本書を執筆するにあたり、前国際医療福祉大学教授の武藤正樹先生に様々なサポートをいただいた。また、筆者が担当するゼミナールの院生の方から意見をいただいた。そして所属大学の教員の方々からのご厚情に深謝の意を表する。
最期に、本書の執筆機会を与えていただいた株式会社文眞堂の前野隆社長と前野弘太さまに感謝申し上げる。

2022年4月

羽田明浩

目次

第1章　ヘルスケア業界について

1　ヘルスケア業界

本書のタイトルにあるヘルスケア業界には、医療行為を提供する施設である病院、診療所、訪問看護施設等の他、これらの施設に対して諸々のサービスを提供する医療サービス、利用者の健康に関わるサービス提供者等がある。

渡辺（２０１７）は、ヘルスケア産業を製薬産業以外の医療や介護に関する産業と定義し、技術革新や産業構造多様化、社会の高齢化、制度改革によって従来の業種分類枠に収まらない新たな産業の典型であると述べている。さらに同産業は製造業と非製造業に分けられ、製造業は輸出型と内需型、非製造業は医療保険・介護保険関連サービスとＩＴ関連に分類されるとしている。そして、ヘルスケア産業の成長理由は、医療の高度化と技術革新、高齢化の進展に伴う市場の拡大、ＩＴ化の進展によるものと述べている。

図表1－1　ヘルスケア産業

〈ヘルスケア産業〉製薬産業以外の医療や介護に関する産業

・技術革新、産業構造多様化、社会高齢化、制度改革から、従来の産業分類枠に収まらない新たに創出される産業

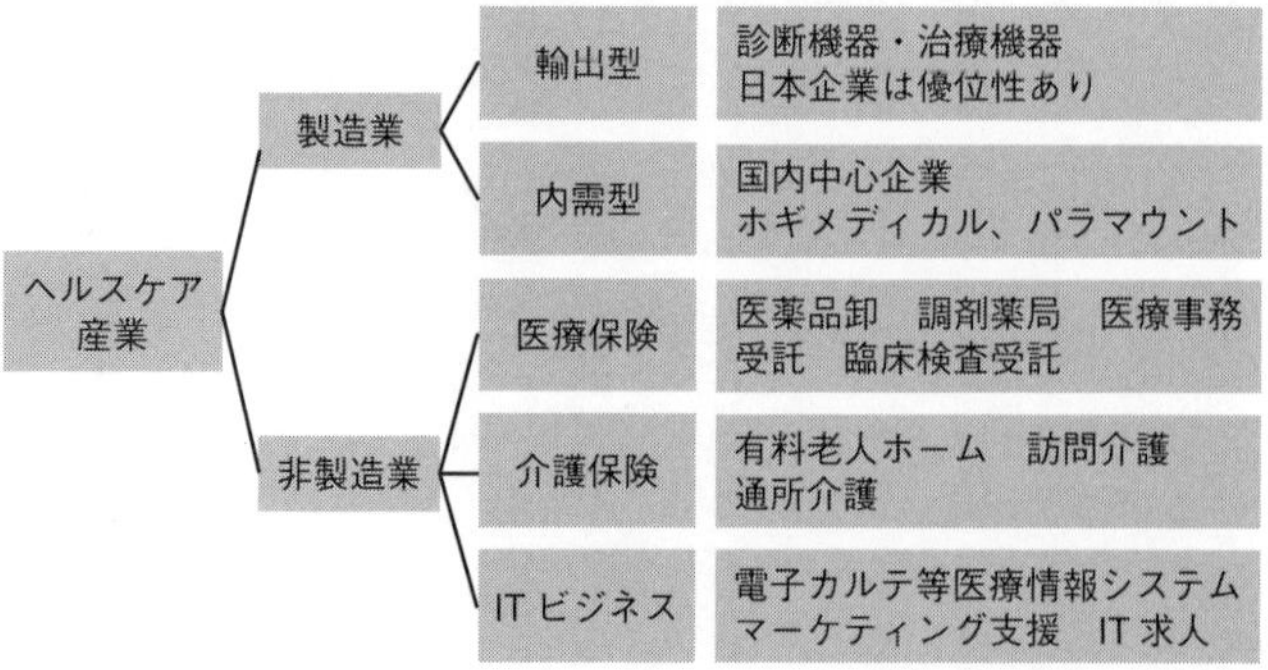

出所：渡辺（2017）p.92

本書では、医療提供に係る施設である病院と診療所や、医療に係る様々な企業をヘルスケア業界として取り上げるものとする。

2　ヘルスケア業界の市場規模について

(1)　ヘルスケア業界の経済規模

ヘルスケア産業に投じられる1年間の金額について以下で述べる。

医療機関等において保険診療の対象となる傷病の治療に要した費用を推計した国民医療費は、43・6兆円（令和元年）である。この費用には、医科診療や歯科診療にかかる診療費、薬局調剤医療費、入院時食事・生活医療費、訪問看護医療費等が含まれており、その内訳は、医科入院17・6兆円・医科外来

図表1－2　医療費の推移

（単位：兆円）

	総計	医療保険適用							公費
		75歳未満						75歳以上	
			被用者保険	本人	家族	国民健康保険	（再掲）未就学者		
平成27年度	41.5	24.2	12.2	6.4	5.2	12.0	1.5	15.2	2.1
平成28年度	41.3	23.9	12.3	6.5	5.2	11.5	1.4	15.3	2.1
平成29年度 （構成割合）	42.2 （100%）	24.1 （57.0%）	12.8 （30.4%）	6.9 （16.3%）	5.3 （12.5%）	11.3 （26.7%）	1.4 （3.4%）	16.0 （37.9%）	2.1 （5.0%）
平成30年度① （構成割合）	42.6 （100%）	24.0 （56.5%）	13.1 （30.8%）	7.1 （16.6%）	5.3 （12.4%）	10.9 （25.7%）	1.4 （3.4%）	16.4 （38.5%）	2.1 （5.0%）
令和元年度② （構成割合）	43.6 （100%）	24.4 （55.9%）	13.5 （31.0%）	7.4 （17.0%）	5.3 （12.2%）	10.9 （24.9%）	1.4 （3.2%）	17.0 （39.1%）	2.2 （5.0%）
②－①	1.01	0.33	0.41	0.31	0.01	▲0.08	▲0.04	0.64	0.04

出所：厚生労働省「令和元年度 医療費の動向」

14・9兆円、歯科3兆円、調剤7・7兆円、訪問看護0・3兆円である。尚、保険診療の対象とならない美容整形などの自由診療で支払った費用や、先進医療や正常分娩費用、健康診断・予防接種等に要する費用は含まれていない。国民医療費の推移を見ると、平成27年は41・5兆円、平成28年は41・3兆円、平成29年は42・2兆円、平成30年は42・6兆円となっている。

介護保険サービス利用に係る介護給付費は10・5兆円（令和元年）であり、介護保険制度が始まった2000年以降漸増している。

わが国で1年間に費やされる医療と介護に係る公的保険（医療保険と介護保険）による金額はおよそ50兆円である。その他、経済産業省によれば公的保険外サービスに支払う金額はおよそ25兆円（2016年）である。

日本国内で1年間のヘルスケア産業の市場規模

図表1－3　介護給付費用額の推移

	費用額累計（単位：億円）
平成13年度	43,782
平成18年度	61,724
平成23年度	79,875
平成28年度	96,924
平成29年度	99,319
平成30年度	101,536
令和元年度	105,095

出所：厚生労働省「介護給付費等実態統計」

図表1－4　公的保険外サービスの市場規模（推計）

・ヘルスケア産業（公的保険を支える公的保険外サービスの産業群）の全体像を整理した上で、民間調査会社等が既に試算している各産業分野の市場規模を集計し、現状及び将来の市場規模を推計。2016年は約25兆円、2025年には約33兆円になると推計された。
・今後、ヘルスケア産業政策の動向等を踏まえ、随時見直しを行っていく。

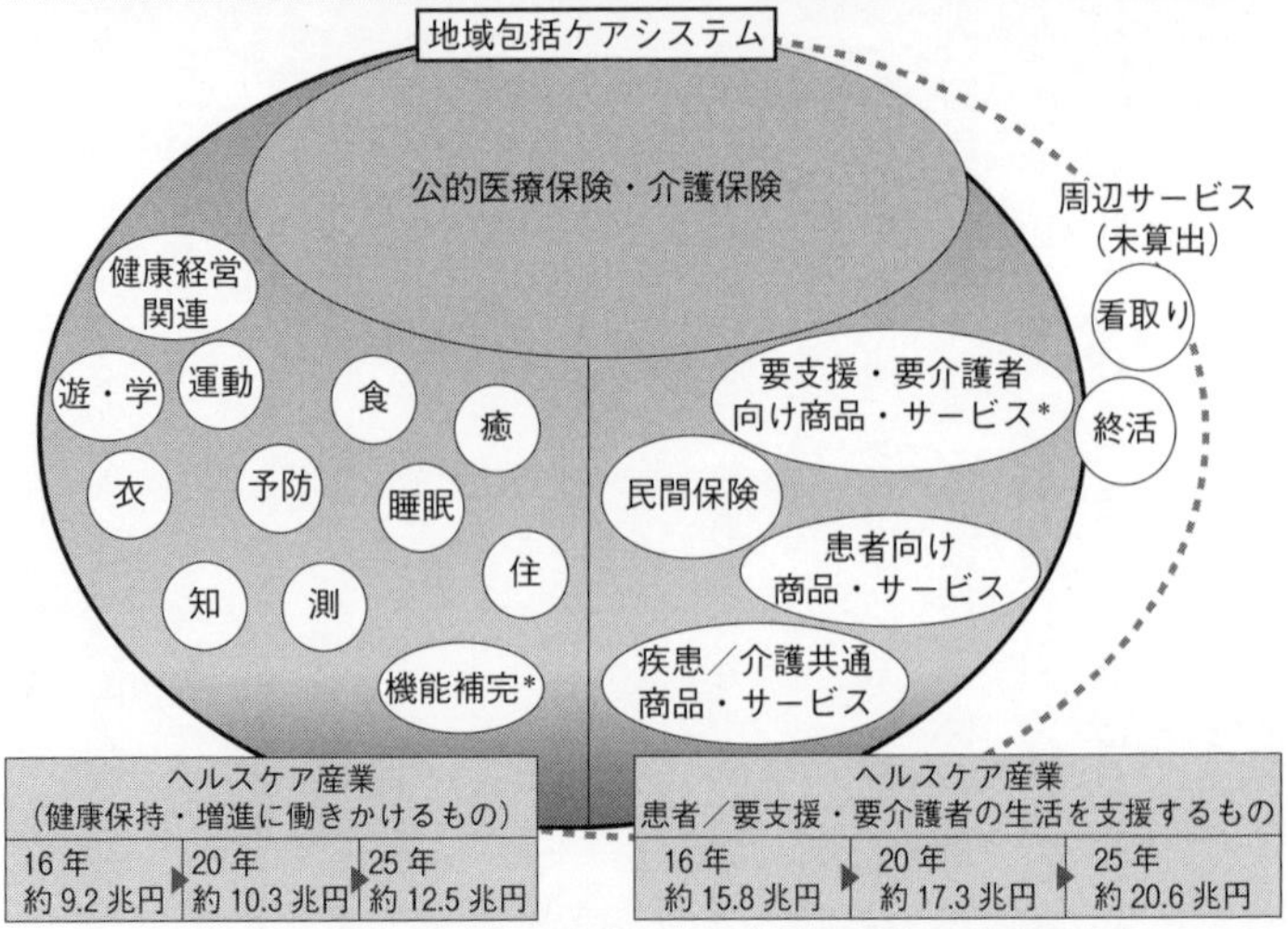

*データの制約上、公的保険が数兆円規模で含まれている

出所：経済産業省「健康経営の推進について」（2020年9月）

図表１－５　社会保障給付費の見通し

2040年を見据えた社会保障の将来見通し（議論の素材）
－概要－（内閣官房・内閣府・財務省・厚生労働省平成30年5月21日）より

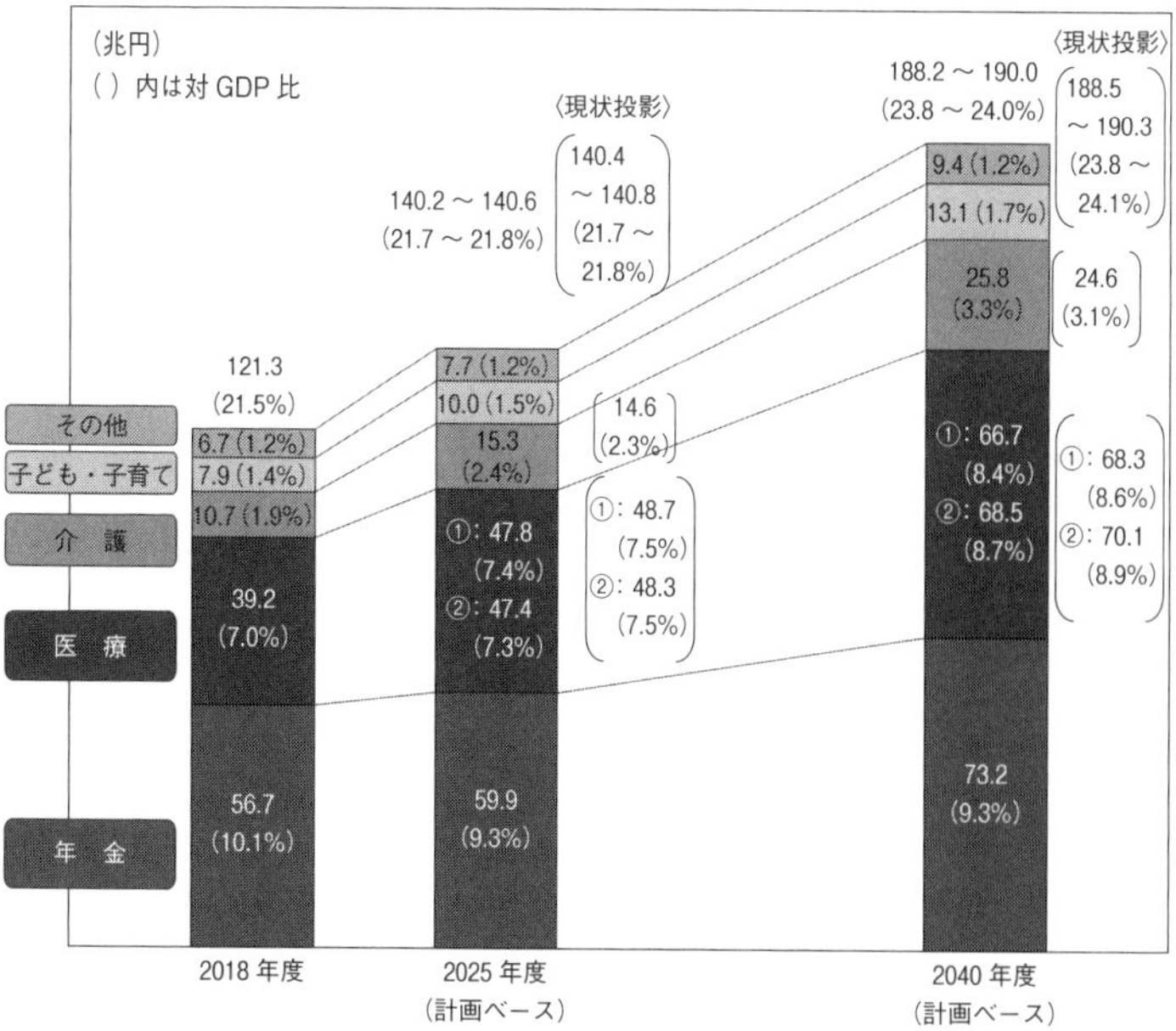

出所：第28回社会保障審議会資料（2019年2月1日）

は、医療と介護の公的保険で支払う約50兆円と公的保険外サービスで支払う約25兆円を合計した金額は約75兆円である。

社会保障審議会審議会資料（２０１９年２月１日）によれば、２０２５年の医療費は47兆円、介護費は15兆円を予想しており合計62兆円となる。これに２０２５年の公的保険外サービスの市場規模予想の33兆円を合計すれば１０８兆円の市場規模が予想されている。

(2) ヘルスケア業界の従事者数

厚生労働省の病院施設調査（２０１７年10月）によれば、病院に勤務する職員総数は２０９万人であり、診療所に勤務する職員は71万人であり、歯科診療所に勤務する職員は32万人であり医療従事者の総合計３１２万人である。

労働経済の分析（令和3年版）によれば、医療業に従事する職員数は３７０万人、医療福祉に従事する職員数は４０３万人としており、医療福祉分野の就業者数の見通し（内閣官房・内閣府・財務省・厚生労働省　２０１８年5月21日）によれば、２０１８年の医療従事者数は３０８万人、介護従事者数３３４万人とされている。

時期と調査資料の違いはあるが、医療と介護に係る職員総数は、およそ７００万人とみれば、全雇用者総数６５００万人に占める約11%となる大変多くの職員が医療介護に従事していることが分かる。尚、医療介護従事者数の２０４０年の将来予測は８３０万人であり全就労者数予測の５６００万人に対して約15%となることが予想されている。

医療、介護従事者以外で広義のヘルスケア産業に従事する職員数は、製造業やサービス業の中に組み込まれているため、正確な従業員数の把握は難しい現状にあるが、病院や診療所等の医療施設に従事する職員や介護に従事する職員数合計だけでもわが国の就労者数の10%以上を占めており、わが国の労働市場において多くの職員がヘルスケア産業に従事していることが分かる。

図表1-6 ヘルスケア業界のマーケット動向

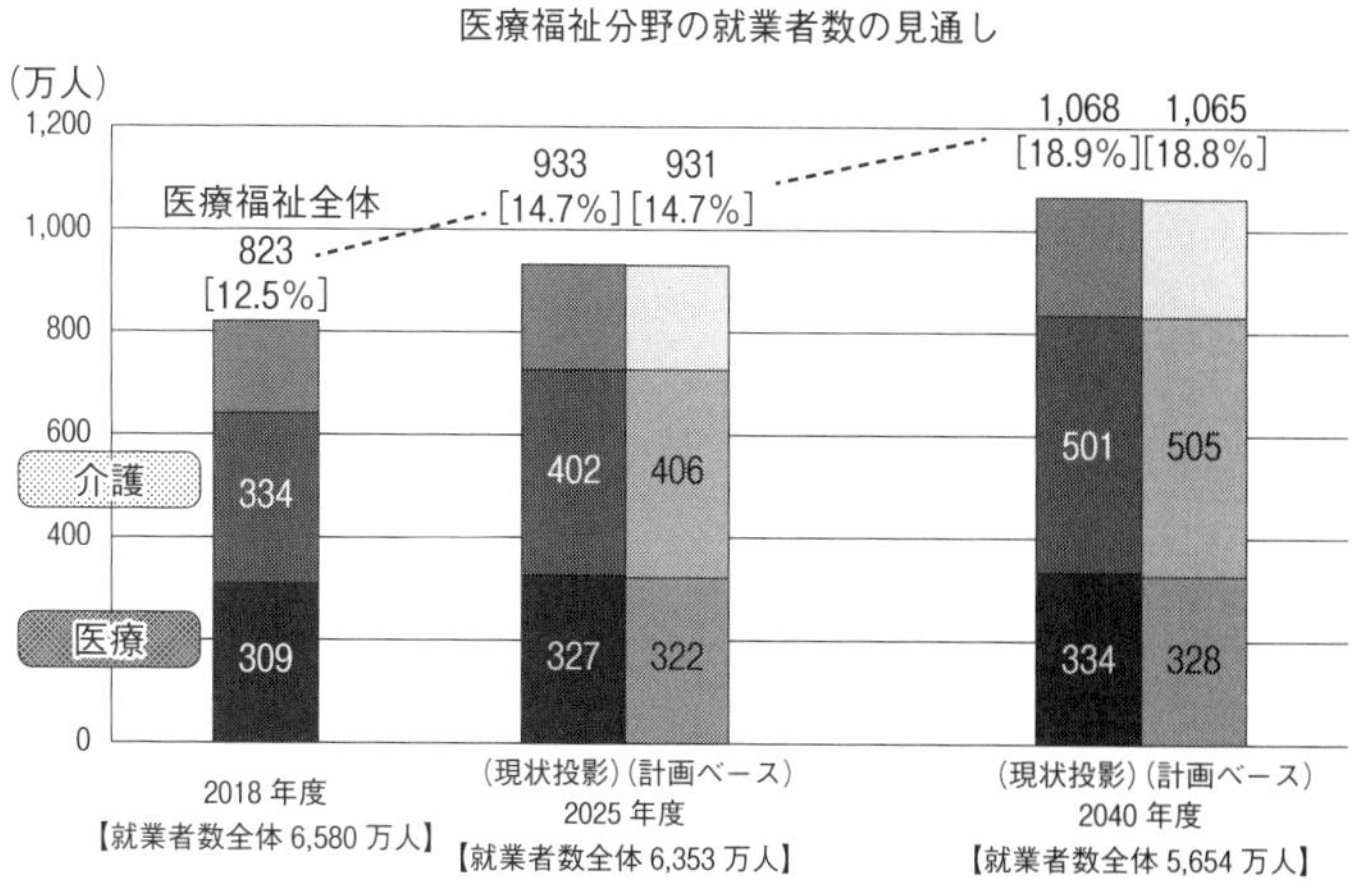

注1：[　] 内は就業者数全体に対する割合。

注2：医療福祉分野における就業者の見通しについては、① 医療・介護分野の就業者数については、それぞれの需要の変化に応じて就業者数が変化すると仮定して就業者数を計算。② その他の福祉分野を含めた医療福祉分野全体の就業者数については、医療・介護分野の就業者数の変化率を用いて機械的に計算。③ 医療福祉分野の短時間雇用者の比率等の雇用形態別の状況等については、現状のまま推移すると仮定して計算。

注3：就業者数全体は、2018年度は内閣府「経済見通しと経済財政運営の基本的態度」、2025年度以降は、独立行政法人労働政策研究・研修機構「平成27年労働力需給の推計」および国立社会保障・人口問題研究所「日本の将来推計人口平成29年推計」(出生中位 (死亡中位) 推計) をもとに機械的に算出している。

出所：内閣官房・内閣府・財務省・厚生労働省 (2018年5月21日)

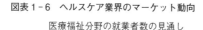

(3) 医療サービスを提供する病院と診療所の総数について

筆者を含め、生涯一度も病院や診療所を受診したことの無い方はいないであろう。本書が取り上げるヘルスケア業界においては、病院と診療所は医療サービスの提供施設としての役割は大きいものがある。

ここで、医療施設としての病院と診療所の組織としての違いと両組織の動向について述べていく。

病院と診療所は医療法によって以下のように定義されている。

病院は、医師、歯科医師が、医業、歯科医業を行う場所で20人以上の患者を入院させるための施設で、傷病者が、科学的で適正な診療を受けることをできるように組織され運営される施設である。（医療法第一条の五）

診療所は、医師、歯科医師が、医業、歯科医業を行う場所で患者を入院させるための施設を有しないもの、19人以下の患者を入院させるための施設である。（医療法第一条の五の2）

病院と診療所は開設手続きに違いがあり、病院を開設しようとするときは開設地の都道府県知事の許可を受けなければならない（医療法第7条）、一方で、診療所の開設は開設後10日以内に所在地の都道府県知事に届け出なければならない（医療法8条）となっており、開設許可が必要か、開設の届け出が必要かの違いがある。

尚、病院、一般診療所、歯科診療所は何れも、営利を目的として開設しようとする者に対して開設

図表1－7　医療施設（病院・診療所）数の推移

年次	病院	一般診療所	歯科診療所
1935（昭和10）	4,625	35,772	18,066
1940（　15）	4,732	36,416	20,290
1945（　20）	645	6,607	3,660
1950（　25）	3,408	43,827	21,380
1970（　45）	7,974	68,997	29,911
1980（　55）	9,055	77,611	38,834
1990（平成 2）	10,096	80,852	52,216
2000（　12）	9,266	92,824	63,361
2005（　17）	9,026	97,442	66,732
2010（　22）	8,670	99,824	68,384
2014（　26）	8,493	100,461	68,592
2016（　28）	8,442	101,529	68,940
2018（　31）	8,372	102,105	68,613
2021（令和 3）	8,221	103,426	68,063

出所：厚生労働省「令和３年医療施設調査（静態）」

の許可を与えない（医療第６条）ため、医療は非営利とされている。

以下で、病院数と診療所数の現状と推移を見ていく。

病院は２０２１年４月現在８２２１施設ある。病院数は、第二次大戦前の約４７００施設から終戦時の６４５施設に減少した後、終戦後から一貫して増加し１９９０年をピークに減少に転じており、５年前の２０１６年との比較では約２００施設が減少している。

日本の病院は、病院数は多いものの規模が小さいことに特徴があり、２０１９年の１００床未満の病院数は２９４５施設、２００床未満の病院数は５７６９施設であり国内病院数の約７割が２００床未満の病院であり、４００

図表1－8　病床規模別病院数

	1999年	2005年	2011年	2017年	2018年	2019年
病院総数	9,286	9,026	8,605	8,412	8,372	8,300
20床～99床	3,838	3,558	3,182	3,007	2,977	2,945
100床～199床	2,604	2,716	2,769	2,791	2,813	2,824
200床～399床	1,989	1,913	1,832	1,814	1,794	1,752
400床～599床	555	561	564	557	547	543
600床以上	300	278	258	243	241	236

出所：厚生労働省「令和元年医療施設調査（動態）」

床以上を有する病院の割合は約9％である。

一方、一般診療所は2021年4月現在10万3426施設あり、第二次大戦後から一貫して増加傾向にあり、5年前の2016年との比較でも約2千施設増加している。歯科診療所は、2021年4月現在6万8063施設あり、2016年まで増加傾向にあったがその後減少に転じている。

医療提供施設である病院8221施設、診療所10万3426施設、歯科診療所6万8063施設を合計すると約18万施設となる。これは全国のコンビニエンスストア数5万5890店舗（2021年6月末時点 日本フランチャイズチェーン協会調べ）と比較すれば、病院診療所等の施設数はコンビニ店舗数の3倍強の数値であり、国内に非常に多くの施設があることがわかる。

(4)　ヘルスケア産業の市場規模のまとめ

ヘルスケア産業の市場規模は、現状で約75兆円であり、2025年は約108兆円が予想される非常に大きな規模を有する産業であると捉えることができる。

ヘルスケア産業の従事者数は現状700万人であり、就労者全体の約11％を占めている。2040年には従事者数約800万人を見込み、就労者の約15％を占めると予想されている。

医療施設としての病院と診療所と歯科診療所の合計は約18万施設であり、全国のコンビニ数の約3倍の施設数を有している。このようにヘルスケア産業は、その市場規模、従事者数、提供施設数において、非常に大きな規模を有しており、ヘルスケア産業がわが国の産業に及ぼす影響は大変大きなものである。

3　病院の経営上の特質について

ここでは医療提供施設として規制業種に属している病院の経営上の特質について述べていく。

わが国の病院経営は固有の業界環境に属しており、典型的な規制業種に属している。病院経営における規制には経済的規制と社会的規制があり、経済的規制とは、参入を制限して独占を認めるかわり

図表1－9　病院経営上の規制具体例

病院経営上の規制	規制の内容	具体的な規制内容
経済的規制	価格設定に関する規制	診療報酬価格は公定価格である
	非営利性に関する規制	余剰金の配当禁止
社会的規制	組織運営に関する規制	理事長資格要件　必要人員と必要設備の具備
	開設・増床に関わる規制	病床過剰地域は病院新設・増設不可
	専門職種別免許制度による規制	専門職による業務独占規定と名称独占規定

出所：筆者作成

に料金を定めたりする需給調整規制を指し、医療保険に公定価格が定められていることが相当する。社会的規制とは、消費者等の安全・健康の確保、環境保全を目的として、商品の質に一定の基準を設定し制限を加えるなどの規制を指し、病院の人員配置基準が相当するとしている（真野、２００６）。

具体的な規制の事例は次のようなものがある。診療の対価として支払われる診療報酬額は公定価格であり、全国一律でどこでどのような診療を受けても、個々の病院による価格差が無い。病院経営は非営利とされており、営利企業は参入出来ないことと、医療法人の出資持ち分に対する配当は禁止であること。医療法人の理事長職は原則医師であること。二次医療圏毎に基準病床数が定められており、それを上回る病院の増床が不可であること。病院の医師・看護師等医療職は免許制度による資格要件があること等を上げることができる。

病院経営において、このような規制が設けられている理由はいくつかの理論的根拠がある。病院経営の様々な規制は、医療サービスには、「不確実性」「情報の非対称性」「外部性」によって、取引を市場原理に委ねても効率的な資源配分が行われず市場が機能しない「市場の失敗」が存在することに起因する。医療サービスの「不確実性」は、いつ病気に掛かるかの予測の困難性と、治療にいくら費用が掛かるかの予測の困難性がある。そのため、被保険者集団間で医療費負担リスクを分散させる医療保険が必要になる。医療サービスの「情報の非対象」は、医師と患者の医学的知識の格差に起因する。そのため不要な医療サービスを抑制することから、医療保険が公定価格となっている。そして医療サービスの「外部性」は、感染症予防や治療によって疾病が蔓延しないように周囲の経済主体に便益を与えることを意味する。そのために予防や治療を個人の意思に委ねずに医療保険の存在で患者の自己負担を抑制しているのである（真野、２００６：遠藤、２００７）。

わが国の病院経営は、有効に市場が機能しない「市場の失敗」を有するという規制産業に属しながら、一方では、患者が自由に病院を選ぶことが出来るというフリーアクセスの存在によって市場競争にさらされていると言う矛盾を有している。この矛盾が存在する市場競争によって、日本の病院の個別の業績を見ると、黒字病院と赤字病院に分かれており、特にコロナ禍においてその経営格差は一段と広がっている。

日本の病院経営は次のような特徴を有している。

・社会的規制や経済的規制の存在が病院経営に制約を及ぼしているものの、経営の失敗による損失までは補填されない。

・十分な設備投資による医療サービスの質と安全を維持・向上するための、財政基盤の確立が求められており、赤字経営を続けることは、医療サービスの低下を招き、結果として地域医療に対して負担をもたらすことになる。

・様々な規制が存在するものの、医療経営に必要な経営資源は、自由な市場取引を通して確保するため、魅力的な病院には経営資源が集まり、魅力に乏しい病院からは経営資源が流出する。

ヘルスケア業界は、このように規制業種にありながら市場競争にさらされているという矛盾を有する業界特性があるため、一般企業を対象とする経営学ではなじまない点が多いという特徴を有している。

4　ヘルスケア業界の動向について

(1)　ヘルスケア業界が直面する２０２５年問題

医療業界にとってパラダイムシフトとも言える２０２５年問題という外部環境の変化は、ヘルスケア施設の経営に大きな影響を及ぼしている。

２０２５年問題とは、わが国のいわゆる団塊の世代（１９４７年～１９４９年生誕）が全て75歳の後期高齢者となり全人口の18％を占め、65歳以上が全人口の30％となることが予想される時代にあって社会保障の在り方を見直そうとすることである。

わが国は、２０２５年に超高齢化社会を迎えるため２０２５年をめざした社会保障改革が進行中である。２０１２年８月「社会保障と税の一体改革」関連法案が成立した。この一体改革は団塊世代が75歳以上の後期高齢者となる２０２５年に向けてこれからの医療や介護の社会保障のグランドデザインを描いたものである。２０２５年の医療と介護のあるべき姿は「病院から地域へ」の転換であり、この２０２５年問題に向けて診療報酬や介護報酬などの報酬改定による経済誘導と医療計画等の見直しによる政策誘導が実施されている（武藤，２０１３）。

２０２５年問題に向け医療政策は大きく変革中であり、ヘルスケア施設を取り巻く外部環境が大きく変わっている。この環境変化に合わせてヘルスケア施設の中にはドメイン（事業領域）の変更対応が必要になり、地域医療におけるポジショニングの見直しも必要となる他、ヘルスケア施設内の組織変更も必要になっている。

(2)　２０２５年問題に対する医療介護政策について

２０２５年問題に対応する政策として、社会保障制度改革国民会議の報告書において医療・介護に係わる方向性として以下を掲げている。

・「病院完結型」から、地域全体で治し、支える「地域完結型」へ。
・受け皿となる地域の病床や在宅医療・介護を充実。川上から川下までのネットワーク化。
・地域ごとに、医療、介護、予防に加え、本人の意向と生活実態に合わせて切れ目なく継続的に生活支援サービスや住まいも提供されるネットワーク。

そして、同報告書が打ち出す医療・介護の改革の内容は以下である。

・医療・介護サービスの提供体制改革。
・病床の機能分化・提携、在宅医療の推進等。
・病床の機能分化と連携を進め、発症から入院、回復期（リハビリ）、退院までの流れをスムーズにしていくことで早期の在宅・社会復帰を可能にする。在宅医療・介護を推進し、地域での生活の継続を支える。
・地域包括ケアシステムの構築。介護が必要になっても住み慣れた地域で暮らせるよう、介護・医療・予防・生活支援・住まいが一体的に提供される地域包括ケアシステムを構築するため、医療と介護の連携、生活支援・介護予防の基盤整備、認知症対策、地域の実情に応じた要支援者への支援の見直し、マンパワーの確保。
・国民の健康増進、疾病の予防及び早期発見等を積極的に促進する必要。

このように、これまでの医療が病院を中心として診療と治療を担っていたのに対して、２０２５年問題に対応する社会保障制度の改革は、疾病予防や早期発見に向けた取り組み、利用者の住み慣れた地域において地域全体で患者を直し支える仕組み、川上から川下まで切れ目なく治療を行うネット

図表1－10　地域医療構想

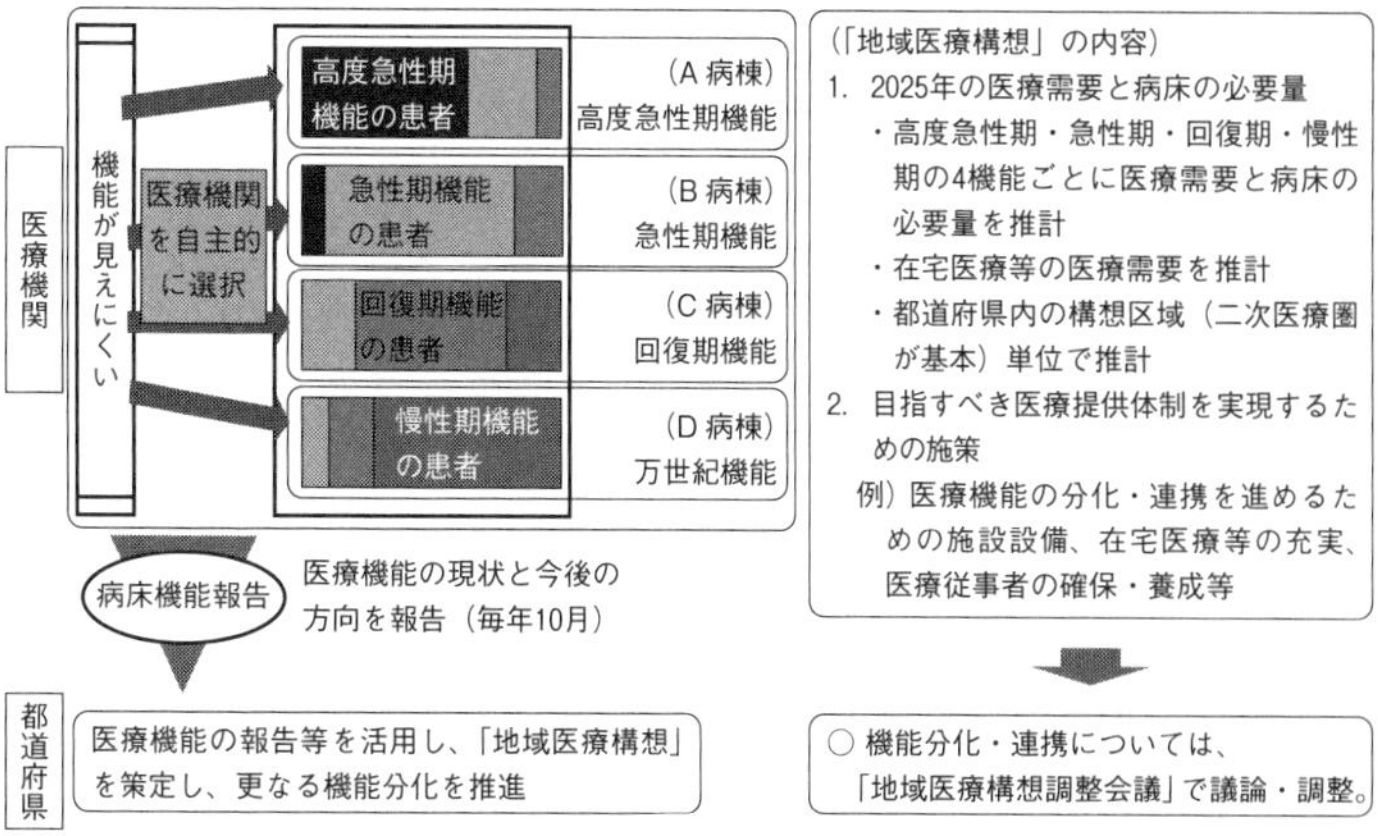

出所：厚生労働省 医政局　作成資料（2019）

ワーク化、在宅療養の推進などを謳っており、これまで以上に医療と介護の連携強化を図る予定である。

これら社会保障制度の改革は、高まる国民医療費の抑制を図るものであるが、同時に利用者の利便性を目指したものでもある。

(3) 地域医療構想について

地域医療構想は、２０２５年の医療需要と病床の必要数について、医療機能（高度急性期・急性期・回復期・慢性期）ごとに推計し、各医療機関の足下の状況と今後の方向性を「病床機能報告」により「見える化」しつつ、各構想区域に設置された「地域医療構想調整会議」において、病床の機能分化・連携に向けた協議を実施するものである。（厚生労働省ウェブサイト）

この地域医療構想は、２０１４年６月に成立した

図表1－11　病床機能報告制度

○各医療機関（有床診療所を含む。）は、毎年、病棟単位で、医療機関の「現状」と「今後の方向」を、自ら1つ選択して、都道府県に報告。

医療機能の名称	医療機能の内容
高度急性期機能	○　急性期の患者に対し、状態の早期安定化に向けて、診療密度が特に高い医療を提供する機能 ※高度急性期機能に該当すると考えられる病棟の例 救命救急病棟、集中治療室、ハイケアユニット、新生児集中治療室、新生児治療回復室、小児集中治療室、総合周産期集中治療室であるなど、急性期の患者に対して診療密度が特に高い医療を提供する病棟
急性期機能	○　急性期の患者に対し、状態の早期安定化に向けて、医療を提供する機能
回復期機能	○　急性期を経過した患者への在宅復帰に向けた医療やリハビリテーションを提供する機能。 ○ 特に、急性期を経過した脳血管疾患や大腿骨頚部骨折等の患者に対し、ADLの向上や在宅復帰を目的としたリハビリテーションを集中的に提供する機能（回復期リハビリテーション機能）。
慢性期機能	○　長期にわたり療養が必要な患者を入院させる機能 ○　長期にわたり療養が必要な重度の障害者（重度の意識障害者を含む）、筋ジストロフィー患者又は難病患者等を入院させる機能

出所：厚生労働省 医政局　作成資料（2019）

「地域における医療及び介護の総合的な確保を推進するための関係法律の整備等に関する法律」（医療介護総合確保法）に基づき、２０１４年10月から始まり２０１６年に全国の地域医療構想が作成されている。この過程にあっては、病床を有する医療機関（病院、有床診療所）が7月時点で所有する病床の主に担っている医療機能（高度急性期・急性期・回復期・慢性期）を病棟単位で毎年10月に都道府県に報告している。

　病院の今後のあり方やゆくえこの地域医療構想に基づ

き、地域医療構想調整会議が開催されている。この調整会議は、地域医療構想区域ごとに、診療に関する学識経験者その他医療関係者、医療保険者その他の関係者による協議を設け、関係者の連携を図り、将来の病床数の必要量を達成するための方策について協議を行うものである。この調整会議において具体的対応方針として協議されることは、2025年を見据えた構想区域において担うべき医療機関の役割、2025年に持つべき医療機能ごとの病床数である。

地域医療構想の実現に向けて、医療機関が地域医療構想調整会議で協議を行い、医療機能分化と連携を進めて行くが、自主的な取り組みでは、機能分化や連携が進まない場合は、都道府県知事の役割が適切に発揮されるものとされている。

具体的な動きは以下が示されている。

STEP1
個々の病院の再編に向け、地域医療構想調整会議で協議を促進し、救急医療や小児、周産期医療等の政策医療を担う中心的な医療機関の役割の明確化を図り、その他の医療機関は、中心的な医療機関が担わない機能や中心的医療機関との連携を踏まえた役割の明確化を図る。

STEP2
病床機能の転換等に伴う施設整備の補助を都道府県が地域医療介護総合確保基金による支援を行う。

STEP3
都道府県知事が医療法の役割を発揮して機能分化や連携を推進する。地域で過剰な医療機能に転換する医療機関に対しての転換の中止命令や要請・勧告。地域で不足する医療機能を担うように指示（公的医療機関等)、要請・勧告（民間医療機関)。病院開設許可申請に対して地域で不足する医療機能を担うように開設許可への条件付与。

２０１４年の病床数と２０２５年の国内必要病床数の目標は以下のようになる。

２０１４年の病床数は１２３・４万床であり、内訳は、高度急性期19・１万床、急性期58・１万床、回復期11・０万床、慢性期35・２万床である。

２０２５年の必要病床数の目標は１１５～１１９万床程度であり、高度急性期13・０万床、急性期40・１万床、回復期：37・５万床、慢性期24・２～28・５万床である。

２０１４年の病床数の実数と２０２５年の目標病床数を比較すると、急性期病床は必要量予測に対して過剰であるが、回復期病床が不足していることがわかる。

地域医療構想調整会議においては、救急医療や小児周産期医療等の政策医療を担う医療機関の役割の明確化を図るとともに、個々の病院の再編に向けた対応を協議し、急性期病床から回復期病床への転換が図られている。さらに、病床機能の転換等に伴う施設整備の補助の支援も行われている。しかし、急性期病床から回復期病床への転換は進んでいないのが現状である。

(4) 病床の機能分化と川上から川下までのネットワーク

社会保障制度改革国民会議報告書の報告性は、川上（発症）から川下（完治）までのネットワーク化、病床の機能分化と連携を進め、発症から入院、回復期（リハビリ）、退院までの流れをスムーズにしていくことで早期の在宅・社会復帰を可能にする。と述べている。

ここで、病床機能分化は、医療機能別に高度急性期医療、急性期医療、慢性期医療に分かれる。病床の機能の内容は以下である。


〈高度急性期医療〉

急性期の患者に対し、状態の早期安定化に向けて、診療密度が特に高い医療を提供する機能である。

〈急性期医療〉

急性期の患者に対し、状態の早期安定化に向けて、医療を提供する機能である。

〈回復期医療機能（回復期リハビリテーション機能）〉

急性期を経過した患者への在宅復帰に向けた医療やリハビリテーションを提供する機能である。特に、急性期を経過した脳血管疾患や大腿骨頸部骨折等の患者に対し、ＡＤＬ（Activities of Daily Living 日常生活動作）の向上や在宅復帰を目的としたリハビリテーションを集中的に提供する機能である。

〈慢性期医療機能〉

長期にわたり療養が必要な患者を入院させる機能であり、長期にわたり療養が必要な重度の障害者（重度の意識障害者を含む）、筋ジストロフィー患者又は難病患者等を入院させる機能である。

診療機能別の疾病の発症と診療機能別の川上（発症）から川下（完治）へのネットワークは以下の流れになる。①健康診断、健康増進による疾病の予防と早期発見、②発症時の高度急性期医療・急性期医療と入院、③回復期におけるリハビリテーション、④退院後の在宅における看護や介護、である。

(5) 医療のバリューチェーン（ケアデリバリーバリューチェーン）

病院の機能分化と医療連携の推進における川上（発症）から川下（完治）までの一連の流れは、バリューチェーン（価値連鎖）として捉えることができる。

バリューチェーン（価値連鎖）は、企業が生み出す付加価値は主活動である購買物流→製造→出荷物流→販売・マーケティング→サービスと、支援活動である全般管理、人事労務管理、技術開発、調達活動の連鎖によって生み出されているという考えである。これは、原料を提供し、加工し、流通し、最終消費者に提供するまでに価値を生み出し、チェーンに参加する企業が価値を享受するシステムである。

ポーター他（２００６）は、企業が付加価値を生み出すバリューチェーンの仕組みをもとにして医療提携におけるバリューチェーン（Care delivery value chain）を唱えている。医療のデリバリーチェーンであるケアデリバリーバリューチェーンの内容は以下である。ある病態を持つ患者にケアサ

図表1－12　バリューチェーン図

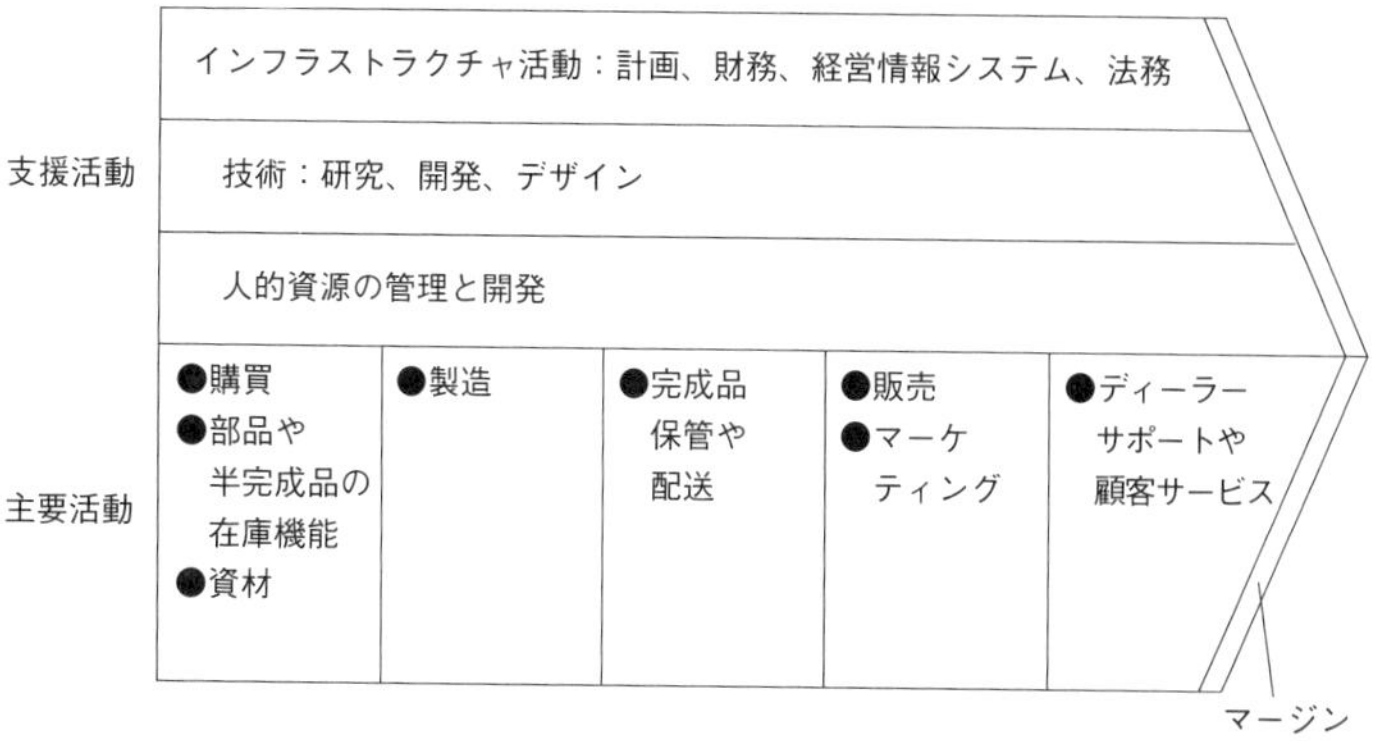

出所：Porter（1985）

イクルを通して診療する場合の各種業務を表すもので、バリューチェーンの始まりは特定の病態を特定する診断に始まり、次に治療行為の準備、治療行為である介入、次に回復のためのリハビリテーション、そして最後にモニタリングと管理で終了する。このバリューチェーンにより、医療機関が医療提供をどのように行い、他の医療機関との相互関係を理解して患者にとって医療提供の向上に向けたプロセスの向上修正に役立つ。そしてこれらのケアサイクルにおいて各段階において反復することも多い。

ポーターは、これらの一連の流れにおいて、医療機関が専門とする領域に傾注することを述べ、診療機能分化と医療連携についても述べている。さらにケアサイクルにおいて各段階で反復することも多いと述べており、ある疾患が完治したのちに、別の疾患で発症から介入、リハビリテーション、退院の流れをたどることも多いことを述べている。

このケアサイクルの一例として循環器領域の治療の一連

図表1－13　医療提供のバリューチェーン

ノウハウの開発	（診療実績の評価と追跡、スタッフ／医師の研修、技術開発、診療プロセスの改善）
情報提供	（患者教育、患者へのカウンセリング、治療に先立つ教育プログラム、患者のコンプライアンスに関するカウンセリング）
患者評価	（検査、画像診断、カルテ管理）
アクセス	（外来受診、検査受診、入院加療、患者の搬送、訪問看護、遠隔診療）

モニタリング／予約	診断	準備	介入	回復／リハビリ	モニタリング／管理
・病歴 ・検診 ・リスク因子の特定 ・予防プログラム	・病歴 ・検査項目の特定と準備 ・データの解析 ・専門家との相談 ・治療計画の決定	・チームの選択 ・介入前の準備 検査前 検査後	・投薬の指示、実施 ・処置の実施 ・カウンセリングセラピーの実施	・入院患者の回復 ・入院患者と外来患者のリハビリ ・治療の微調整 ・退院計画の作成	・患者の病態モニタリング・管理 ・治療へのコンプライアンスのモニタリング ・生活習慣病のモニタリング

→ 医療提供者の利益

出所：Porter and Teisberg（2006）邦訳 p.308

の流れをあげると、①患者が体調変化に伴う受診で循環器疾患が診断、②治療に向けた手術準備、③手術実施、④回復期リハビリテーション、⑤退院後の管理と通院、となる。尚、循環器疾患の再発によることからのケアサイクルの反復や、別の疾患である脳外科領域の疾患発症によるケアサイクルの発生などが考えられる。

ポーターの述べるケアサイクルの流れは、社会保障制度改革国民会議報告書の医療・介護に係わる方向性に記載されたものと同様のものと捉えることができる。ケアサイクルの、病態を特定する診断、治療行為の準備、治療行為の介入、回復のためのリハビリテーション、最後のモニタリングと管理までの一連の流れと、「川上から川下までのネットワーク化」「病床の機能分化と連携を進め、発症から入院、回復期（リハビリ）、退院までの流れをスムーズにしていくこと」は同様のものと捉えられる。

(6) 地域包括ケアシステムについて

地域包括ケアシステムは、２０２５年を目途に、高齢者の尊厳の保持と自立生活の支援の目的のもとで、可能な限り住み慣れた地域で、自分らしい暮らしを人生の最期まで続けることができるよう、地域の包括的な支援・サービス提供体制の構築を推進しているものである。これは、患者や利用者が医療や介護が必要になった時でも、住み慣れた地域である日常生活圏域で、医療・介護・介護予防・生活支援・高齢者住まいなどの資源を使って在宅で生活を送ることができる仕組みである。この仕組みは、在宅医療、訪問介護、介護重度化予防、日常的な生活支援などの従事する多職種の医療や介護の機関が連携して1人の患者に対して包括的なケアサービスを提供するものである。

この地域包括ケアシステムは、社会保障制度改革国民会議の報告書に記載されており、２０１２年度診療報酬改定での基本方針に取り上げられたことから、同システムは２０１２年から注目されるようになっている。

地域包括ケアシステムは、地域において医療と介護の連携は欠かせないものである。医療と介護の連携の具体例には、病院の退院時において医療と介護の連携が必要になる場合と、在宅療養時におい

図表１－14　地域包括ケアシステム

○　団塊の世代が75歳以上となる2025年を目途に、重度な要介護状態となっても住み慣れた地域で自分らしい暮らしを人生の最後まで続けることができるよう、住まい・医療・介護・予防・生活支援が一体的に提供される地域包括ケアシステムの構築を実現していきます。

○　今後、認知症高齢者の増加が見込まれることから、認知症高齢者の地域での生活を支えるためにも、地域包括ケアシステムの構築が重要です。

○　人口が横ばいで75歳以上人口が急増する大都市部、75歳以上人口の増加は緩やかだが人口は減少する町村部等、高齢化の進展状況には大きな地域差が生じています。

地域包括ケアシステムは、保険者である市町村や都道府県が、地域の自主性や主体性に基づき、地域の特性に応じて作り上げていくことが必要です。

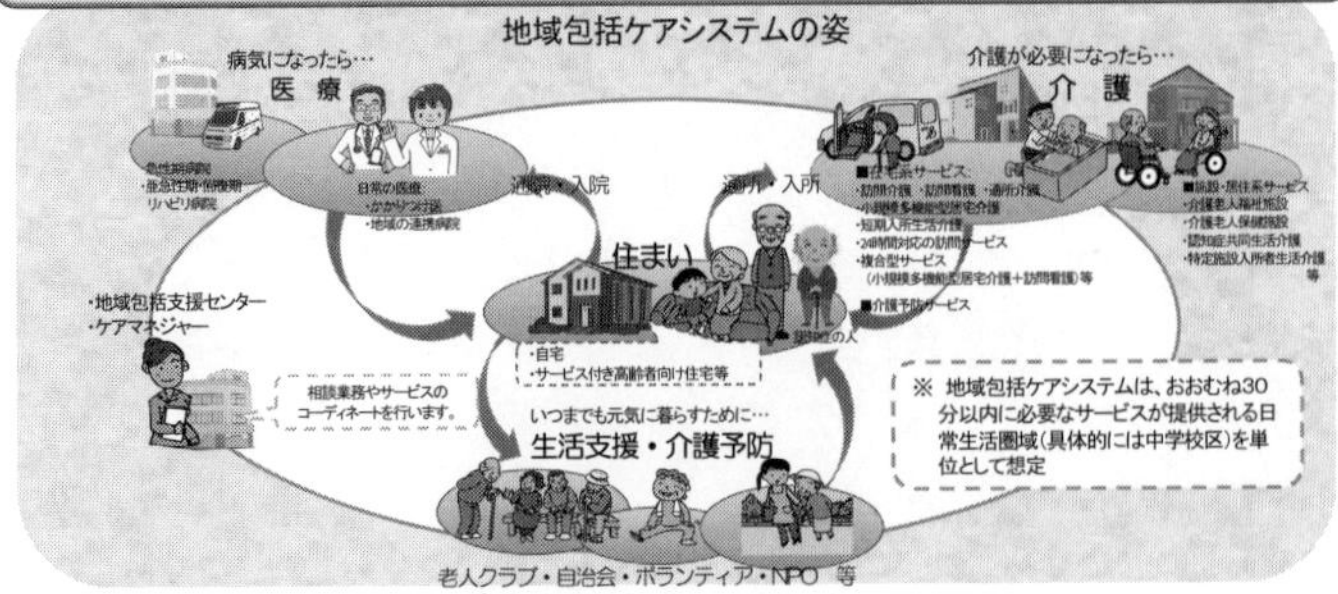

出所：厚生労働省ウェブサイトより

て要介護状態が続いている状態において医療と介護の連携が必要になる場合と、在宅において病態が急変した場合や看取りなどの場合において介護と医療の連携が必要になる場合が想定される。（武藤、２０１３）

高齢者本人の希望にかなった住まいが確保され、生活支援が提供され、基本的な生活リズムを確保したうえで、適切なケアマネジメントに基づいて提供される専門職によるサービスが介護・リハビリテーション、医療・看護・予防である。長期ケアを必要とする要介護者には、医学的な疾病管理と日々の生活を支える介護の双方が必要である。医療と介護の連携が求められる取組場面には以下がある。

〈介護予防〉

高齢者が要介護状態にならないように生活機能を維持し自立を支援する取組であり、日々の生活リズムの安定化が前提になる。栄養に配慮した食事摂取や適切な服薬により基礎的な体力を維持しながら家事を行うことや適度な運動により自立した生活の可能性が高まる。デイサービスの利用や栄養や服薬指導などが重要である。

〈重度化予防〉

一旦、要介護状態になった場合も、適切なケアの組み合わせによってさらなるADL低下を防ぐとともに、高齢者に心身状態の変化を早期に把握し適切な医療ケアに結びつけて疾病の重症化を防ぐ取り組みである。これらの取組は、日ごろのケアを担う介護職と状態変化を予測する看護職、必要な際に医療サービスを提供する主治医の連携により行われる。

〈急性疾患への対応〉

誤嚥性肺炎の例では、抗生剤投与による肺炎に対する治療の医療介入だけでは再発の懸念があるので、介護予防介入として、食事介助指導や口腔ケア介入、摂食嚥下リハビリテーションや全身の筋力維持強化などの必要なケアの一体的な提供によって要介護者のリスクが低減できる。

〈入院・退院支援〉

入院期間の長期化を防ぎ、退院後の在宅生活への移行を円滑に進めるために、入院から退院までのアセスメントプラン作成が行われており、訪問看護師が介護サービス計画作成を担い、医療機関に提出する体制が求められる。

〈看取り〉

死期が近づいた段階で、医師・看護師等医療従事者から十分な情報提供を行い本人に最も相応しい最期の迎え方を共に考える場を持つ姿勢が肝要である。

(7) 地域医療連携推進法人

地域医療連携推進法人は、医療機関相互間の機能の分担および業務の連携を推進する目的で、2015年の医療法一部改正により新たに創設が可能になった法人である。

○地域医療連携推進法人制度の仕組み
・法人組織　一般社団法人
・趣旨　医療機関相互間の機能の分担及び業務の連携を推進するため
・認定　都道府県知事による認定
・参加法人　医療機関を開設する医療法人等非営利法人
・実施業務　病院相互間の機能の分担及び業務の連携の推進、介護事業も連携に加えることは可能である。医療従事者の研修、医薬品等の供給、資金貸付等の医療連携推進業務
・その他　代表理事は都道府県知事の認可が必要剰余金の分配禁止、都道府県知事による監督等の規定は医療法人への規制を準用病院間の機能分担・業務連携に必要と認めるときは、都道府県知事は地域医療構想の推進に必要である病院間の病床の融通を許可することができる。

地域医療連携推進法人の組織について

地域医療連携推進法人の法人組織は、一般社団法人である。一般社団法人は「一般社団法人及び一般財団法人に関する法律」に基づいて設立される社団法人のことで、設立に際して2人以上の社員が必要であり、社員は自然人以外の法人がなることも可能である。

図表1-15　地域医療連携推進法人の仕組み

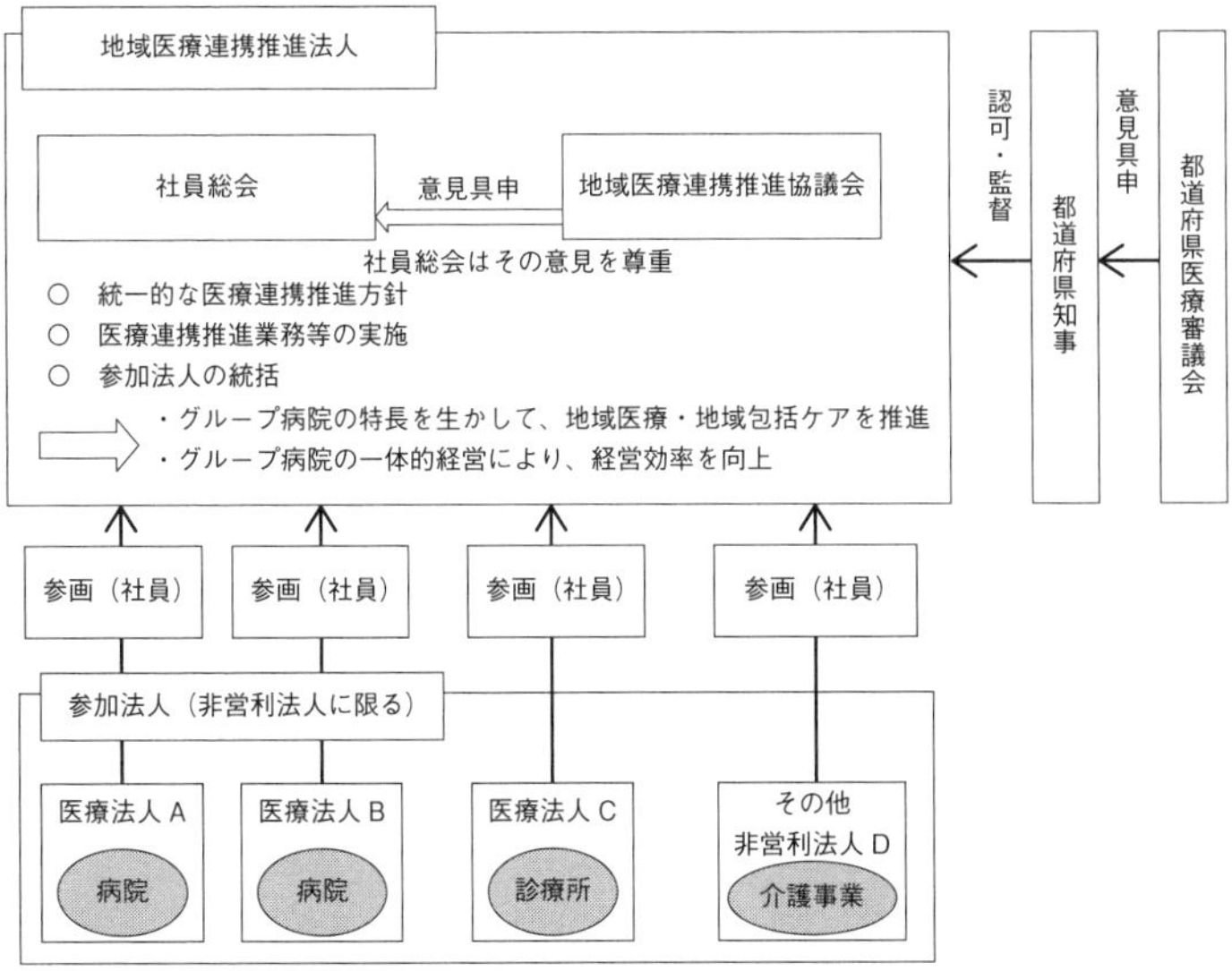

出所：厚生労働省ウェブサイト

地域医療連携推進法人の社員は、当該法人に参加する医療法人、その他の非営利法人の参加は可能であるが、営利法人である株式会社の参加は不可である。これは医療の非営利性に基づくものである。

地域医療連携推進法人の業務

〈病院相互間の機能分化と業務連携〉

地域医療構想の推進に必要である病院間の病床の融通が許可されることで、地域特性を踏まえた病床機能の再編と医療介護間の連携が強化されることを狙いとしている。

〈医療従事者の研修〉

医療従事者の研修を、地域医療連携推進法人が行うことで、参加医療法人を超えた医療従事者のキャリアパスを築くことが可能になる。これは、医療従事者の医療スキル向上につながるとともにモチベーションの向上にも繋がり、より質の高い医療サービスが提供できることに繋がる。

〈医薬品等の供給〉

医薬品等の供給については、参加医療法人の医薬品・医療資材等について地域医療連携推進法人が窓口となって共同購入することで、受発注作業の効率化、使用薬剤等の統一、大量購入等による価格引下げ、配送作業の効率化等が期待できることから参加医療法人の経営改善に資することが可能となる。

〈資金貸付等について〉

資金貸付等は、地域医療連携推進法人が窓口となって金融機関等から借入れたうえで、参加医療法人に資金貸付を行うことで、効率的な資金調達も可能になる。

5　ポストコロナにおける医療提供について

2025年問題への対応に向けた「病院完結型」から「地域完結型」への移行、病床の機能分化による川上から川下までの流れをスムーズにすること、地域包括ケアシステムの構築は、平時における医療提供のあり方を述べているものである。新型コロナウイルス感染症の拡大に伴う非常事態の医療提供体制は平時とは異なるものが求められる。

　わが国の医療提供体制は、新型コロナウイルス感染症（ＣＯＶＩＴ-19）対応という有事に対して、柔軟に対応できずに医療提供の弱点を露呈する結果となった。その背景には、わが国の病院は前述のように中小規模病院が約７割を占めており、そのため、中小病院では専門的な医療を行うための医療資源も限られているためＣＯＶＩＴ-19患者の受け入れが困難であったためである。

　津田塾女子大学の伊藤由希子教授は、日本は人口当たり病院数も病床数も世界トップクラスだが、一病院当たりのスタッフ数は手薄であり、各病院の役割が不十分で、様々な病態の患者が混在するため、感染症患者がいると知るや、皆が門戸を閉ざす医療になってしまう。非常時には感染症患者の急増に対応できる急性期医療の診療を担う病院と従前の診療体制を支えるため軽度な急性期や急性期後の患者がそれぞれの機能を発揮することが望ましいと述べている（日本経済新聞２０２１年７月６日）。

　国際医療福祉大学の高橋泰教授は、日本の感染症への対応力が著しく低い理由は、感染症を含む大型災害時に必要に応じて医療提供体制を転換する仕組みが用意されていないことがあると述べている。そして大規模な感染症や災害に備えるため、状況に応じた医療提供体制として医療スタッフや病床を適切に調整・配置する非常時医療供給最適化システムを構築する必要があると述べている（日本経済新聞２０２１年７月５日）。

　有事を想定していなかった医療提供体制の背景は、感染症対応経験のある病院や人材が不足し、急性期病床の絞り込みや、中小規模病院が入院機能を担っていたことにあり、今後の対応策として、地域医療構想での対策の仕組みの構築や、病院の集約化や連携強化の後押し、人材確保や支援などを視野に入れた連携強化が必要である。病院の経営統合を望まない民間の中小規模病院にとって地域医療連携推進法人のような各医療機関の独立性を担保する形で感染症対応に取り組むことや、医療連携を構築することも一手である（「日経ヘルス」２０２１年7月号38頁）。

(1)　新型コロナ対応の医療連携

新型コロナウイルス感染症対応の医療提供体制は平時とは異なるものである。

ここでは、新型コロナウイルス感染者への受け入れに対応する医療機関の連携の事例として、長野県松本医療圏における対応を見てみる。新型コロナウイルス感染者の受け入れを円滑に進めるには、様々な背景を持つ病院間の役割分担が重要である。

長野県松本市など3市5村で構成する松本医療圏は、事前に連携の姿を明確にしたことで混乱を抑えている。松本医療圏では松本市立病院のほか、設立母体の異なる複数の病院があるが、重症度別の受け入れ先やコロナ以外の患者を担当する病院を明確にし、地域全体で通常診療への影響を少なくした。

連携のきっかけは、初めて緊急事態宣言が発令された２０２０年4月に松本市立病院のコロナ病床

図表1－16 「松本モデルの役割分担イメージ（1月末時点）」

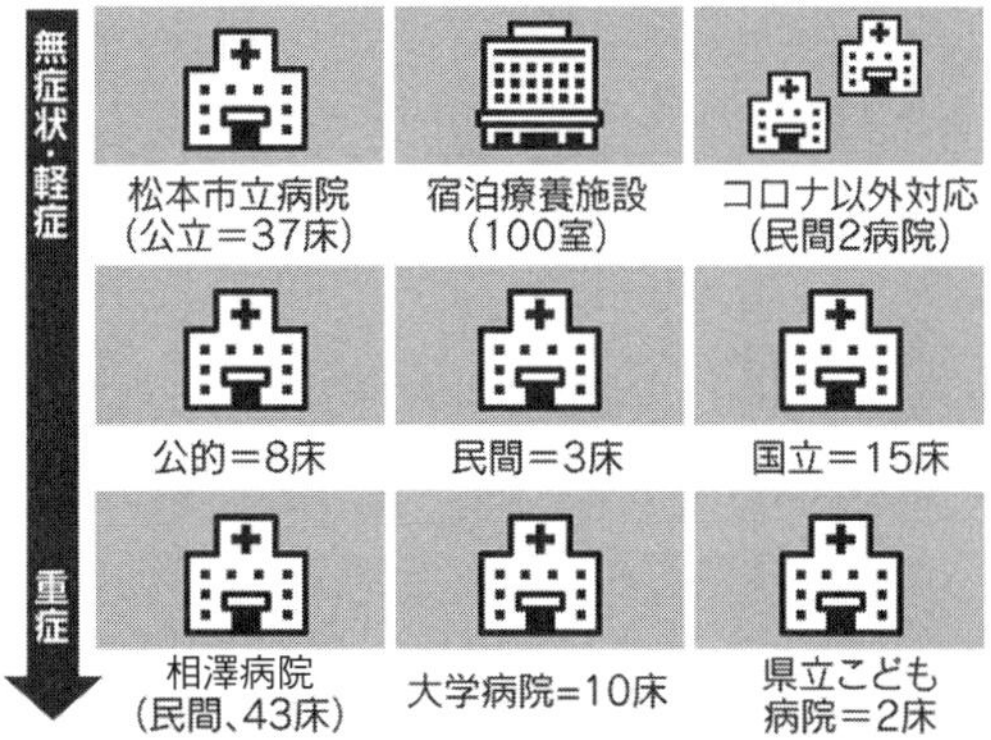

注：病床数は新型コロナ患者の受け入れ可能数（松本市立と相澤は疑似症患者含む）
出所：日本経済新聞　2021年2月22日

を大幅に増やす方針を松本市の臥雲義尚市長が決めたことにある。市立病院が感染症対応用の6床以外に一般病床を転換し最大37床を確保し、市立病院では対応が困難な重症患者は国立病院や大学病院などが対応し、民間の相澤病院は透析中の患者や中等症患者を受け入れるなどの分担が決まった。その後の患者増で、相澤病院は重症含め43床まで拡充した。松本医療圏では新型コロナが広がる以前から限られた医療資源を有効に使うため救急医療や災害時の分担などを調整していた。

　松本医療圏で医療機関の新型コロナ対応が成功した理由について、感染症指定医療機関の市立病院への期待が大きかったが病院間の調整は容易ではなく政治判断が必要だったと松本市長は述べており、相澤病院の相澤孝夫氏は、コロナ対応は経営的にも簡単に決断できないので、市立病院が率先して対応した意味は大きいと述べている（日本経済新聞　２０

２１年２月21日）。

コロナ感染者の受け入れに関する役割分担は総論賛成・各論反対になる場合が多く、今回のような場合に市長や知事などが政治的な判断を下すことにより、各医療機関の経営トップが協力し合う体制を作る上げることが必要になる。コロナ感染者の受け入れという有事における医療連携においては、各医療機関のトップである理事長や病院長のリーダーシップが発揮されることで、医療連携に実際に従事する医療連携室職員が動きやすい体制を構築することも肝要になってくる。

(2) 医療行政における感染症対策について

医療計画は、都道府県が地域の実情に応じて必要な医療提供体制を確保するために策定する計画のことであり、医療資源を適正に配置し、機能分化・連携を図ることで急性期から回復期、在宅医療まで必要な医療が提供される体制の整備を目指すものである。この医療計画では特定の疾病や事業に向けた取り組み事項が盛り込まれている。

これまでの医療計画（２０１８～２０２３年度）は5疾病（癌、脳卒中、心筋梗塞等の心血管疾患、糖尿病、精神疾患）、５事業（救急医療、災害時における医療、へき地医療、周産期医療、小児医療ついて計画が策定されている。医療法の改正によって、「新興感染症等の拡大時における医療」を次回医療計画（２０２４年～２０２９年）に加えることで、５事業から6事業に変更を予定してい

図表1－17　新興感染症等の感染拡大時における医療提供体制の確保に関する事項の医療計画への位置付け

<改正の背景>

- ○　**新興感染症等の感染拡大時には、広く一般の医療提供体制にも大きな影響（一般病床の活用等）**
- ○　**機動的に対策を講じられるよう、基本的な事項について、あらかじめ地域の行政・医療関係者の間で議論・準備を行う必要**

<改正の概要>

都道府県が作成する「医療計画」の記載事項に「新興感染症等の感染拡大時における医療」を追加

○　詳細（発生時期、感染力等）の予測が困難な中、速やかに対応できるよう予め準備を進めておく点が、災害医療と類似
⇒　**いわゆる「５事業」に追加して「６事業」に**
※５事業：救急医療、災害時における医療、へき地の医療、周産期医療、小児医療（小児救急医療を含む）

○　今後、厚生労働省において、計画の記載内容（施策・取組や数値目標など）について詳細な検討を行い、「基本方針」（大臣告示）や「医療計画作成指針」（局長通知）等の見直しを行った上で、各都道府県で計画策定作業を実施
⇒　**第８次医療計画（2024年度～2029年度）から追加**

◎具体的な記載項目（イメージ）

【平時からの取組】

- 感染拡大に対応可能な医療機関・病床等の確保
（感染拡大時に活用しやすい病床や転用しやすいスペースの整備）
- 感染拡大時を想定した専門人材の確保等
（感染管理の専門性を有する人材、重症患者に対応可能な人材等）
- 医療機関における感染防護具等の備蓄
- 院内感染対策の徹底
クラスター発生時の対応方針の共有　など

【感染拡大時の取組】

- 受入候補医療機関
- 場所・人材等の確保に向けた考え方
- 医療機関の間での連携・役割分担　など
（感染症対応と一般対応の役割分担、医療機関間の応援職員派遣）

※　引き続き、厚生科学審議会感染症部会等における議論の状況も踏まえつつ、記載項目や、施策の進捗状況を確認するための数値目標等について、具体化に向け検討。

出所：第79回社会保障審議会資料（2021）

る。

「新興感染症等の拡大時における医療」は、平時における取組として、感染拡大に対応可能な医療機関・病床等の確保、専門人材の確保、感染防護具の備蓄、院内感染対策の徹底を謳っており、感染拡大時の取組として、受け入れ候補医療機関、場所・人材の確保に向けた考え方、医療機関間の連携と役割分担が述べられている。

(3) 厚生労働省によるデータヘルス改革の推進について（平成30年版厚生労働白書より）

超高齢社会に直面するわが国は、健康寿命の延伸や社会保障制度の持続確保の問題を抱えており、ＩＣＴの活用により課題解決への期待は大きなものがある。厚生労働省は、データヘルス改革推進本部を設置し、健康・医療・介護分野におけるＩＣＴの活用の検討を行っている。医療・介護等の現場によるデータの活用や最先端技術の導入により、ゲノム医療・ＡＩ活用の推進、自身のデータを日常生活改善等につなげるＰＨＲ（Personal Health Record）の推進、医療・介護現場の情報利活用の推進、データベースの効果的な利活用の推進等の取り組みを進めている。

ゲノム医療の推進は、全ゲノム解析等実行計画を策定し本格解析に向けた人材育成・体制整備について検討を進めている。ＡＩ活用の推進は、ＡＩ等による技術革新等に適切に対応する医療機器の承認制度の導入を含む医薬品医療機器法の改正案が国会で成立しＡＩ開発促進のための工程表とりまとめに向け議論を進めている。自身のデータを日常生活改善等につなげるＰＨＲ（Personal Health Record）の推進は、特定健診等情報や薬剤情報を本人がマイナポータルを通じて閲覧できる仕組みの稼働を目指してシステム構築等を進めている。医療・介護現場の情報利活用の推進について、患者の保健医療情報を患者本人や全国の医療機関等において確認できる仕組みの構築を進めている。オンライン資格確認について、マイナンバーカードによる資格確認するためのシステム構築や医療機関等システム改修の支援等を進めている。データベースの効果的な利活用の推進について、レセプト情報・特定健診等情報データベース（ＮＤＢ）、介護保険総合データベース（介護ＤＢ）等の連結解析等の実施に向けシステム改修を進めるとともに運用ルールの検討を進めている。

このように、厚生労働省は健康・医療・介護分野におけるＩＣＴの活用の検討を行っており、そのために必要な法律の改正等も行っている。

(4) 経済産業省のヘルスケア産業取り組み

経済産業省は、厚生労働省とは異なる視点からヘルスケア産業創出に向けた取り組みを行っている。

国民の医療、介護、健康に関する関心は高まっており、予防・健康管理サービス等、ヘルスケア産業に対する需要も高まる。社会構造転換による医療・介護およびその周辺分野における需要は、産業面から見ると、高齢社会の需要に適切に応えながら内需を主導し、雇用を創出する成長産業となることが予想される。生活習慣病関連にかかる医療費を、公的保険外のサービスを活用した予防・健康管理にシフトさせることにより、生涯現役社会の構築、医療費の適正化、新産業の創出を同時に実現することを目指す。

その過程で、公的保険外のサービスへの医療・介護機関や民間事業者参入と産業創出に向け、政府内に設置した次世代ヘルスケア産業協議会にて取りまとめたアクションプランに基づき、公的保険外サービスの活性化施策としてグレーゾーン解消、継続的なサービスの品質評価のため業界団体等が踏まえることが望ましい自主ガイドラインや認証制度の在り方に関する指針や、地域版次世代ヘルスケア産業協議会の設置の促進等を行っている。

ＩｏＴ機器（ウェアラブル端末等）やその取得データを活用して、行動変容を促進し、生活習慣病等の予防・改善を図る実証研究を実施しており、その成果を各保険者に伝えることで効果が期待される見込みである。ＩｏＴデバイスやモバイルアプリケーションの活用で収集された個人の健康データを取得・解析する事業においては、個人の行動変容の促進や生活習慣病等の予防・管理・改善等に対する効果を検証し、さらに、医師の診療等に適切に活用する手法の開発を促進し、効率的なビジネスモデルを創出等に向けた実証研究事業を開始している。

我が国のＰＨＲ（Personal Health Record）は、個人が保健医療情報を理解しやすい形で提供することで、自らの健康管理・予防行動に繋がるようにすることが求められている。民間ＰＨＲサービスに求められるルール策定などにより、民間ＰＨＲ事業の活性化につなげていくため、関係省庁や民間ＰＨＲサービス事業者と連携し、必要な基盤整備を進めている。

これらの取り組みによって健康寿命延伸産業の市場創出を促している。

(5) ヘルスケアテックの取り組み事例について

オンライン診療への取り組み事例

新型コロナウイルス感染症の拡大からオンライン診療への新規参入が続いている。オンライン診療はコロナ禍での特例措置として2020年4月に初診での取り扱いが解禁された。初めての診察や新たな症状や疾患の場合、従来は対面での診療が原則であった。しかし、新型コロナウイルスの院内感染を防ぐため、時限措置として規制緩和に踏み切っており、診察後のオンライン服薬指導も行われるようになっている。現状のデジタル政策の進行に伴いオンライン診療の恒久化に向けた検討が進んでいる。次のような企業のオンライン診療への取り組み事例が見られる。

ソフトバンクの医療サービス会社ヘルスケアテクノロジーズは、オンライン健康医療相談サービスＨＥＬＰＯの提供を2020年7月から開始している。これはスマートフォンアプリを通してオンライン健康医療相談や病院検索、一般用医薬品購入ができるヘルスケアサービスであり法人や自治体向けに提供している。診察ではなく一般的な医療情報をチャット相談で対応しており、自社の医師や看護師、薬剤師が24時間対応しており、ユーザーが相談を書き込むと返信が来る仕組みである。

サイバーエージェントは子会社ＭＧ-ＤＸを2020年5月に設立しオンライン服薬指導の実施支援サービスを開始している。同社は薬局やドラッグストアにおけるインターネットを活用した患者との新しいコミュニケーションの創出を目的としてオンライン服薬指導を簡易に始められるサービスであるＡＩ薬師™の提供を開始している。もともとサーバーエージェントはドラッグストアの公式アプリの開発や店舗での販売促進などを手掛けており、オンライン服薬指導もその関わりで始めたものである。

ＬＩＮＥは傘下のＬＩＮＥヘルスケアは、ＬＩＮＥ利用者と、m3.com における28万人以上の医師会員と16万人以上の薬剤師会員基盤とエムスリーグループの医療分野における知見やノウハウを生かしてＬＩＮＥを利用した医療に関する相談や遠隔健康医療相談、オンライン診療をはじめとするオンライン医療事業を展開している。ＬＩＮＥヘルスケアの遠隔健康医療相談サービスは、オンライン診療とは異なり、具体的な診断や薬の処方などは対応できずに症状に関することや何科に行ったらいいかなどの疑問に、医師が経験・知識をもとに回答している。

ＬＩＮＥヘルスケアは２０２０年12月にオンライン診療サービスＬＩＮＥドクターを開始している。ＬＩＮＥドクターは、ＬＩＮＥアプリ上で診療の予約、ビデオ通話での診療、決済を完結することのできるオンライン診療サービスである。オンライン診療は以下の手続きとなる。利用者は利用可能な医療機関を予約、診療を希望する医師を選択、希望する診療開始時間帯を選択、支払い方法を登録、保険証・医療証を登録、処方せんの送付先を登録し、診療にあたっての事前質問事項に回答、予約を確定し、医師とのビデオ通話を開始する。

その後、郵送された処方せんを薬局で薬を受け取ることができる。このサービスは首都圏の医療機関を中心に先行提供中しており、新型コロナウイルス感染症の拡大に際してのオンライン診療の時限的・特例的な取扱いによって、初診からオンライン診療を実施することができている。

メドレーは２０１６年12月からオンライン診療と服薬指導アプリのＣＬＩＮＩＣＳを提供している。このアプリはシステムを導入する医療機関の検索から予約、問診、診察、薬局への処方箋の送付、服薬指導までの医療サービスを完結することが可能である。同社は医療機関向けの電子カルテシステムを手掛けている。薬局向けのサービスPharmsは薬剤師と患者のチャット機能や電子お薬手帳、服薬フォローアップ等の新機能の提供で、かかりつけ薬局に求められる各種業務がワンストップで実施可能になり門前薬局からかかりつけ薬局への転換を支援している。

オンライン診療に対応する医療機関はまだ多くはない。システムの導入に手間や費用が掛かることと、対面での診療と比べて患者の状態等が分かりにくいことが背景にある。しかし、慢性疾患を持っている忙しいビジネスパーソンにとっては、診療時間の短縮に繋がることなど医療と係る手段とも成りうる。デジタルトランスフォーメーションの進展に伴いオンライン診療はこれまで以上に普及していくものと期待される。

米国巨大ＩＴ企業によるヘルスケア分野への取り組み

米国巨大ＩＴ企業が、次の有望市場としてヘルスケア業界に注目している背景には、医療データは活用の余地が大きくビジネスチャンスになると見込まれているからである。

グーグルはデータやＡＩのノウハウを生かして画像診断や医療機器など広範にヘルスケア境域に参

入している。２０１９年に新部門のグーグルヘルスを設立し、社内の医療関連事業を集約して、多数の医師や医療関係者を抱え、ＡＩによる疾病の画像診断、電子カルテの開発、新型コロナウイルスに関するデータベースの整備を手掛けている。ＡＩ診断は眼底画像を基にした糖尿病網膜症の診断を行っており、インドやタイで臨床試験中である。電子カルテはアメリカ大手病院と共同開発しており検索性能に特徴がある。関連会社の２０１５年設立されたベリリーは、医療機器の開発、データを活用した治療法の考案、被験者の健康状態まで追跡する臨床研究を手掛けている。グーグルのヘルスケアの取組みは、製薬会社と提携している事に特徴がある。サノフィ（フランス）とは糖尿病のデジタル治療を展開し、アルコン（スイス）とは老眼用のスマートコンタクトレンズを開発中であり、武田薬品とはウェアラブル端末を活用してパーキンソン病の研究を行っており、参天製薬とは次世代眼科デバイスの開発を行っている。

アップルは自社のデバイス・サービスを軸に個人の健康・医療データを活用するプラットフォームを構築中である。２０２１年１月に厚生労働省は、アップルウォッチの心電図アプリを家庭用医療機器として認可している。アップルのティム・クックＣＥＯはアップルがもたらす人類への最大の貢献はヘルスケア分野だろうと述べている。アップルが本業とするハードウェアは人間のあらゆるデータを計測可能であり、アップルウォッチで取得した健康データはiPhone のヘルスケアアプリに記録することができる。２０１５年から医学研究者向けに臨床研究でデータ収集するためのアプリ開発ツールのリサーチキットを提供している。全国のアップルウォッチユーザーを対象にした研究を行い、大規模なデータベースを構築して生活習慣と動悸の関連性などを探っている。このように蓄積されたデータは様々に活用が可能である。オンライン診療において医師がアップルウォッチから収集したデータを診療に活かすことも可能になる。

アマゾンはネット通販のインフラと知見を生かし薬局に参入し、自社従業員向けのオンライン診療も開始している。アマゾンは2018年に米国金融会社と従業員向けヘルスケアサービス合弁会社を始めたのがヘルスケア参入の原点である。合弁会社は閉鎖されたが、同年に一般医薬品のプライベートブランドであるアマゾンベーシックケアを始め、オンライン薬局を買収して本業のeコマースとの相乗効果を期待して活動を始めた。このような動きから2020年に開始した処方薬を扱うオンライン調剤薬局アマゾンファーマシーがあり、慢性疾患の患者対象からそれ以外の疾患にも対象を広げている。アマゾンは2019年に始めた従業員向けのオンラインサービスのアマゾンケアを一般企業の従業員向けにも提供している。アマゾンケアの専用アプリを開くと病状に関するいくつかの質問がなされ、病状に応じて医師とのチャットやビデオ通話が始まる。アマゾンはこのサービスのために医師や看護師を採用している（「週刊東洋経済」2021年4月17日）。

(6)　医師の働き方改革について

2019年に働き方改革関連法が施行されて、一般労働者の時間外労働の上限は月45時間、年36

0時間を原則とし、臨時的な特別な事情がある場合でも年720時間、単月100時間未満（休日労働含む）、複数月平均80時間（休日労働含む）を限度に設定されている。

2024年から医師にも残業時間の上限規制が適用されることが決まっており、時間外労働は年960時間、月100時間まで認められ、地域を担う特定の病院の医師や技能向上が必要な研修医は年1860時間、月100時間まで容認する特例がある。

日本の医療は、これまで医師の長時間労働により支えられて来たが、今後は医療ニーズの多様化や医療の高度化や医療の担い手の減少が進む中で、さらに医師個人に対する負担が増加することが予想されている。このような状況において、医師が健康に働き続けることのできる環境を整備することは、持続可能な医療提供体制を維持していく上で重要である。地域医療提供体制の改革や、各職種の専門性を活かして患者により質の高い医療を提供するタスクシフト（医師の仕事の一部を看護師など他の職種に任せること）タスクシェア（医師の仕事を複数の職種で分け合うこと）の推進と併せて、医療機関における医師の働き方改革に取り組む必要がある。

医師の勤務の現状は、医師の長時間労働は、病院常勤勤務医の約4割が年960時間超、約1割が年1860時間超の時間外・休日労働を行っており、36協定が未締結や客観的な時間管理が行われていない医療機関も存在している。これらの背景は、業務が医師に集中し患者への病状説明や血圧測定、記録作成なども医師が担当する事が多いためである。

これらに対して、医療機関内での医師の働き方改革の推進が必要であり、適切な労務管理の推進と併せてタスクシフト・タスクシェアの推進が予定されている。

長時間労働の医師の労働時間短縮と健康確保のための措置は、医師に対する時間外労働の上限規制の適用開始（２０２４年４月１日）に向け、次の措置を講じことが医療法改正によって行われる予定である。

・勤務する医師が長時間労働となる医療機関における医師労働時間短縮計画の作成

・地域医療の確保や集中的な研修実施の観点から、やむを得ず高い上限時間を適用する医療機関を都道府県知事が指定する制度の創設

・当該医療機関における健康確保措置（面接指導、連続勤務時間制限、勤務間インターバル規制等）の実施等

そして、タスクシフト・タスクシェアを推進することで医師の負担を軽減しつつ、医療関係職種がより専門性を活かせるように各職種の業務範囲の拡大等を行う予定である。その医療関係職種の業務範囲の見直しは、診療放射線技師法、臨床検査技師等に関する法律、臨床工学技士法、救急救命士法の改正により２０２１年10月１日施行予定である。各職種の業務範囲を拡大し医師の負担を減らす行為は次のような内容である。何れもこれまで医師が行っていた業務を各職種にタスクシフト・タスクシェアするものである。

診療放射線技師は、ＲＩ検査のために静脈路を確保し、ＲＩ検査医薬品を投与する行為、投与終了後に抜針および止血する行為である。

臨床検査技師は、超音波検査において、静脈路を確保して、造影剤を接続し、注入する行為、当該造影剤の投与が終了した後に抜針及び止血する行為である。

臨床工学技士は、手術室等で生命維持管理装置や輸液ポンプ・シリンジポンプに接続するために静脈路を確保しそれらに接続する行為、輸液ポンプやシリンジポンプを用いて薬剤（手術室等で使用する薬剤）を投与する行為、投与終了後に抜針及び止血する行為、心・血管カテーテル治療において、身体に電気的負荷を与えるために、当該負荷装置を操作する行為、手術室で行う鏡視下手術において、体内に挿入されている内視鏡用ビデオカメラを保持し、術野視野を確保するために操作する行為である。

救急救命士は、医療機関に搬送されるまでの間に重度傷病者に対して実施可能な救急救命処置を救急外来（救急診療を要する傷病者が来院してから入院に移行するまでに必要な診察等を提供する場）においても実施可能とする。

これらの業務を各職種が分担補完することで、医師の業務負担を減らし必要な治療に専念しやすくなるとともに、時間外勤務の削減につながるものとされている。

参考文献

Porter, M. E（1985）Competive Advantage, The Free Press（土岐坤・中辻萬治・小野寺武夫訳（１９８６）『競争優位の戦略』ダイヤモンド社）
Porter, M. E. and E. O. Teisberg（2006）Redefiming Health Care,Harvard Business Press（山本雄士訳（２００９）『医療戦略の本質』日経ＢＰ社）

遠藤久夫（2007）「医療における競争と規制」西村周三・田中滋・遠藤久夫（編著）『医療経済学の基礎理論と論点』勁草書房、123～151頁
羽田明浩（2015）『競争戦略論から見た日本の病院』創成社
経済産業省（2020）『経済産業省年報』
厚生労働省（2019）『平成30年版厚生労働白書』
真野俊樹（2006）『入門医療経済学』中央公論新社
武藤正樹（2013）『2025年へのロードマップ』医学通信社
日経ヘルス2021年7月号
週刊東洋経済2021年4月17日号
渡辺英克（2017）「ヘルスケア・サービスセクター」みずほ証券（編著）『業界分析ハンドブック』東洋経済新報社、92～99頁

（羽田明浩）

第２章　組織論からみる病院の組織特性について

1　組織デザイン

組織は、どのような組織構造にするのかという問題に直面し、組織の発展に伴い組織の再編成を経験する。組織の取りうる戦略に合わせて、あるいは組織を取り巻く外部環境に対応するため組織構造を変えることになる。

このように個々の組織は、その組織の発展と外部環境に合わせて組織構造を変えていくのであり、ある組織にとって最適な組織であっても、他組織によっては必ずしも最適な組織ではないことから、組織論においては「唯一最善の組織はない」と言われている。

佐藤（２００３）は、組織の分類を大きく、階層型（ヒエラルキー）組織と、ネットワーク型組織に分類してその特徴を述べている。階層型組織は従来型の組織デザインで分類すると、集権的な組織である職能別組織、分権的な組織である事業部制組織、両者を統合したマトリックス組織がある。

図表２－１　階層型組織とネットワーク型組織のデザイン特性

	階層型組織	ネットワーク型組織
意思決定	集権的 個人的	分権的 集団的
コミュニケーション	垂直的	水平的
コントロール	公式的・他律的	非公式的・自律的
組織編制	固定的	流動的
メンバー	固定的・専門的 均一・同質	流動的・総合的 多様・異質
リーダーシップ	固定的・権限や地位に基づく 命令指示的	流動的・知識や能力に基づく 創発誘導的
組織の境界	内部統制型 固定的・閉鎖的	提携・協力型 流動的・開放的

出所：佐藤（2003）p.18

一方、ネットワーク型組織は、プロジェクトチーム、ネットワーク組織、タスクフォースなどがある。ネットワーク組織の特徴は、ダイナミックな結びつき、臨機応変な多対多の直接コミュニケーション、プロジェクト志向、分権的意思決定があり、分権化組織、有機的組織、革新的組織、ネットワークなどの組織タイプに類似するものであると述べている。

ヘルスケア組織は、階層型組織として、個々の病院や診療所は職能別組織であり、医療法人等の経営母体は事業部制組織を有する事例が多い。さらに医療法人の本部と傘下の病院組織間でマトリックス組織も散見される。一方ネットワーク型組織として、病院や診療所内部では、プロジェクトチームやタスクフォースや内部ネットワークを有する他に、外部組織とのネットワークを有する事例が多い。

2　階層型組織について

階層型組織の特徴は、管理的命令による調整、タイトな関係、垂直的なコミュニケーション、職能志向、集権的意思決定、地位や規律によるコントロール、命令・服従関係などである。以下で、階層型組織の職能別組織、事業部制組織、マトリックス組織の概要について述べた後、ヘルスケア組織の病院組織の特徴を述べていく。

(1)　職能別組織

職能別組織は、生産、販売、経理、人事などのように同種の専門的な知識を必要とする職能別に分化され部門化されている組織形態をいう。

職能別組織の特徴は、特定の活動に関する職員の知識技能が統合され、専門的な知識や情報の収集と専門家の育成が容易になる。生産や販売を一括して各部門で行うため、設備や人員の集中利用が可能になり効率化が図れる。組織のために価値のある付加価値の提供が可能になる。各部門間の調整はトップマネジメントが行うため、中央集権的な管理が行われる。一方で、トップマネジメントの負担が大きく、職能部門間の調整コストが大きくなる。職能的な専門家は養成されても、各職能を総合し

図表２－２　職能別組織

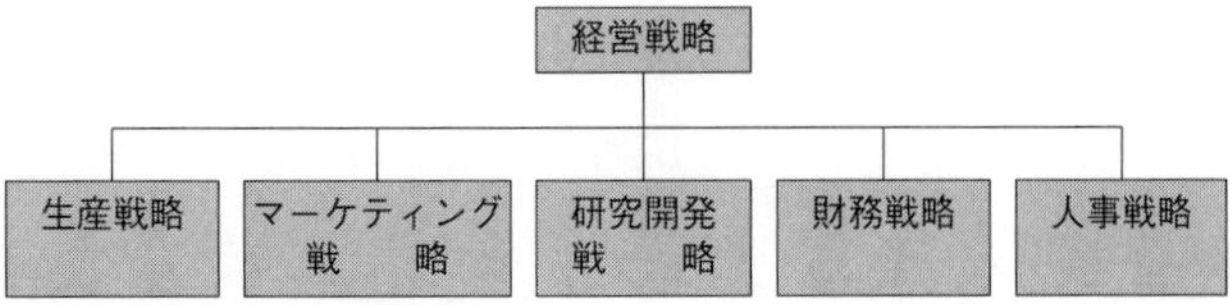

出所：石井ほか（1996）p.12

て企業経営を行う全社的経営者の能力要請はされにくい。

職能別組織の長所
・各機能部門内で規模の経済性が図れる。（重複や無駄を省くことによる）
・知識や技能の開発を深く進められる。
・組織が機能別の目標を達成できる。
・単一もしくは少数の製品数において最も効果がある。
職能別組織の短所
・部門間調整が必要な環境変化への対応が遅れがちになる。
・意思決定がトップマネジメント階層に負担が掛かりすぎ迅速な対応が不可となる。
・部門間調整が乏しくなりイノベーションが起こりにくい。
・各従業員にとって組織の全体像がつかみにくい。

(2) 事業部制組織

事業部制組織は、製品別事業部、地域別事業部、市場別事業部などに、業績責任単位としての事業部に分化され、これらの事業部が本社によって全般的に管理されている組織デザインである。一般的に、利益センターとして予算損益責任の包括的な決定権限が与えられている分権的な組織であり、本社

図表2－3　事業部制組織

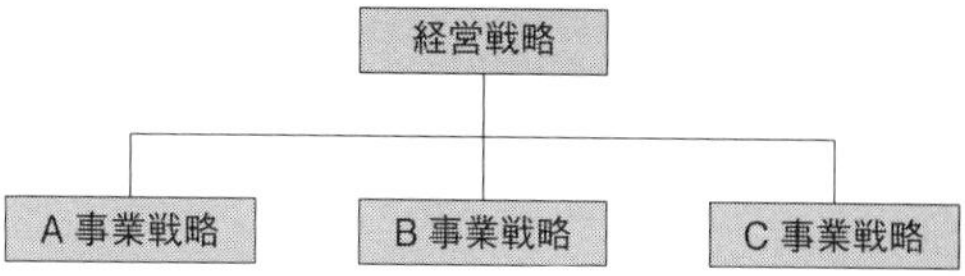

出所：石井ほか（1996）p.12

は全体の方針を決定し、各種の経営資源が配分され、各事業部はそれら資源を獲得する必要がある。

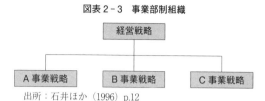

事業部制組織の長所
・経営環境のすばやい変化への対応が可能である。
・事業部内の機能別組織の調整がうまくいく。
・各製品を個々の顧客や地域の求めている条件への適合が可能である。
・意識決定が分散されている。
事業部制組織の短所
・組織としての規模の経済を失うことになる。
・事業部間の調整が難しくなる。
・技術の専門性が欠けてしまうことになる。
・短期的な業績志向に陥りやすい。

(3) マトリックス組織

職能別組織の垂直的階層のうえに、公的に認められた水平的な影響力、コミュニケーションを重ね合わせたモデルである。これは規模の経済性を追求の要求を満たす職能別組織と、多様化した需要への効果的な対応の要求を満

図表２－４　マトリックス組織

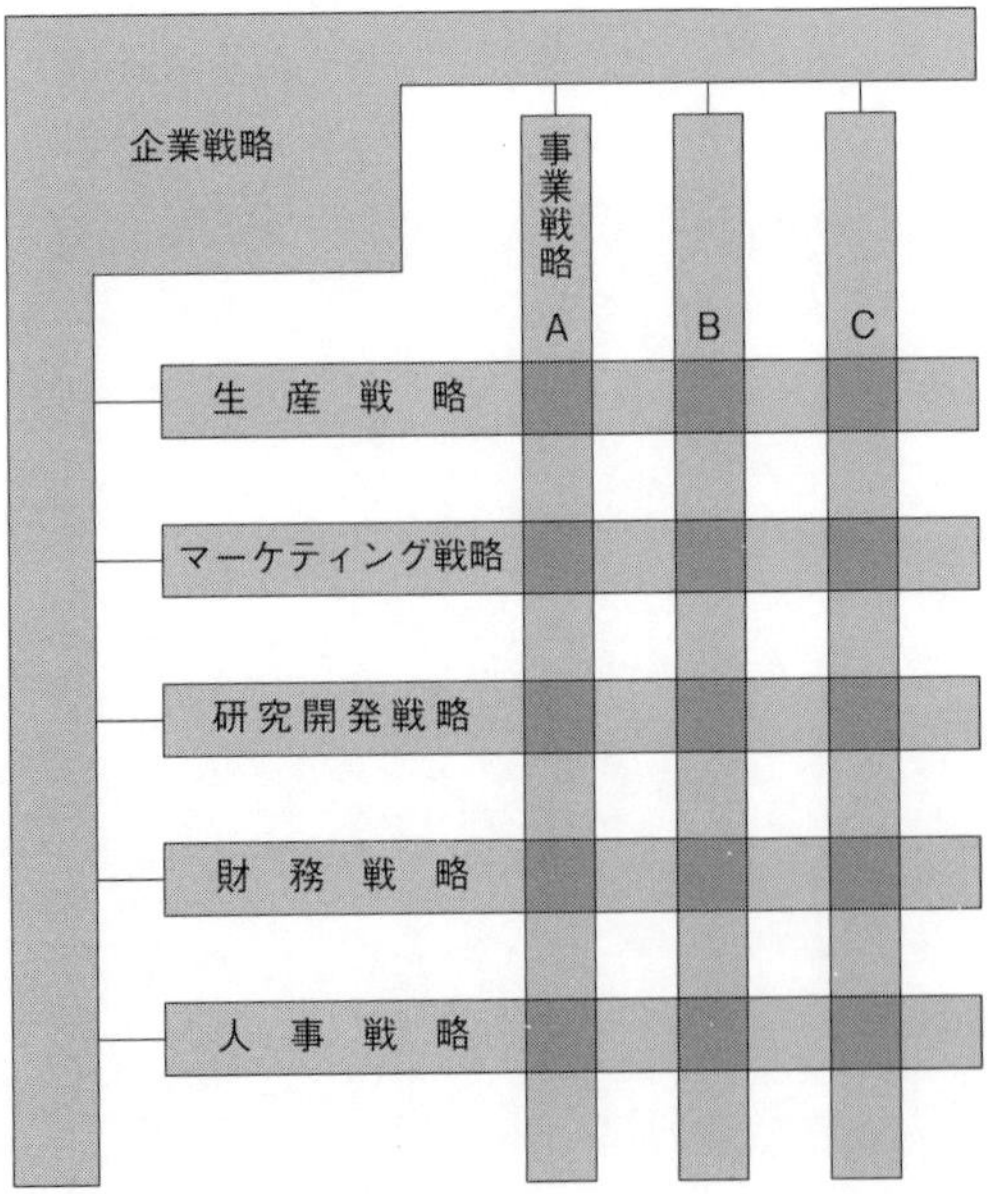

出所：石井ほか（1996）p.12

たす事業部制組織のどちらか一方の組織構造で調和が難しくなった時に、一つの解決策としてマトリックス組織が登場する。

マトリックス組織は、水平方向の連結性が強く、独特の特徴として、製品部門と機能部門である横と縦の構造の双方が同時に設けられていることにある。そのため製品部門マネジャーと機能部門マネジャーが組織内に存在し、従業員は両方のマネジャーからの指示を受けることになる。

マトリックス組織の長所
・顧客からの二通りの要求に応えるのに必要な調整ができる。
・人的資源を複数の製品間で融通し合える。
・複雑な意思決定や不安定な環境において変化へ対応できる。
・機能面および製品面のスキル開発チャンスを与えられる。
・複数の製品をつくる中規模の組織に最も適している。
マトリックス組織の短所
・従業員は二重の権限下に置かれることで混乱を引き起こす。
・頻繁な会合や葛藤処理に時間が必要となる。
・仕組みをよく理解しないと、上下関係、同僚との協力関係に問題が生じる。
・パワーバランス維持に努力を要する。

3　ヘルスケア組織の階層型組織

(1)　職能別組織の病院組織

ヘルスケア組織の単体組織としての病院や有床診療所の組織デザインの大半は職能別組織である。

ここでは職能別組織としての病院組織について説明する。病院組織は大きく分けて、診療部・医療技術部・看護部・事務部で構成され、このうち診療部・医療技術部・看護部が実体活動を担当する現業部門であり、事務部門は総務・人事・経理といった経営管理に係わる業務と用度・施設・医事・ハウスキーパー等の現場サービスを担当する部門に分けることが出来る。病院の現業部門の所属する職員は国家資格を有する専門職である。医師は医師資格、看護師は看護師資格、薬剤師は薬剤師資格、診療放射線技師は診療放射線技師資格、臨床検査技師は臨床検査技師資格、理学療法士は理学療法士資格、作業療法士は作業療法士資格等の国家資格を有している。一方で病院の事務部門に所属する事務職員の国家資格はない。このように病院の所属する多くの医療職員が各職能に係る国家資格を有していることに病院組織の組織理論上の特性がある。

病院組織の現業部門の業務は以下のようなものである。

診療部は、臨床医学の医師を集めた組織であり、標榜科目の診療科は各科ごとに独立した存在である。診療各科には責任者としての部長はいるが、個別の患者の治療に関しては主治医が全責任を持っている。

医療技術部は、あらゆる診療行為が基本的に医師の指示に基づいて行われる薬剤部・放射線部・検査部・リハビリテーション部・栄養科等で構成されている。薬剤部は、病院内の医薬品を管理し、医師の指示に従い調剤などを行う部門である。放射線部は、画像診断、核医学、放射線治療などを担当する部門である。検査部は、入院や外来で発生する臨床検査を行う部門である。リハビリテーション部は、障害によって失われた能力を、最大限に回復させるリハビリテーションを担当する部門であ

図表 2－5　聖路加国際病院組織図（1939 年）

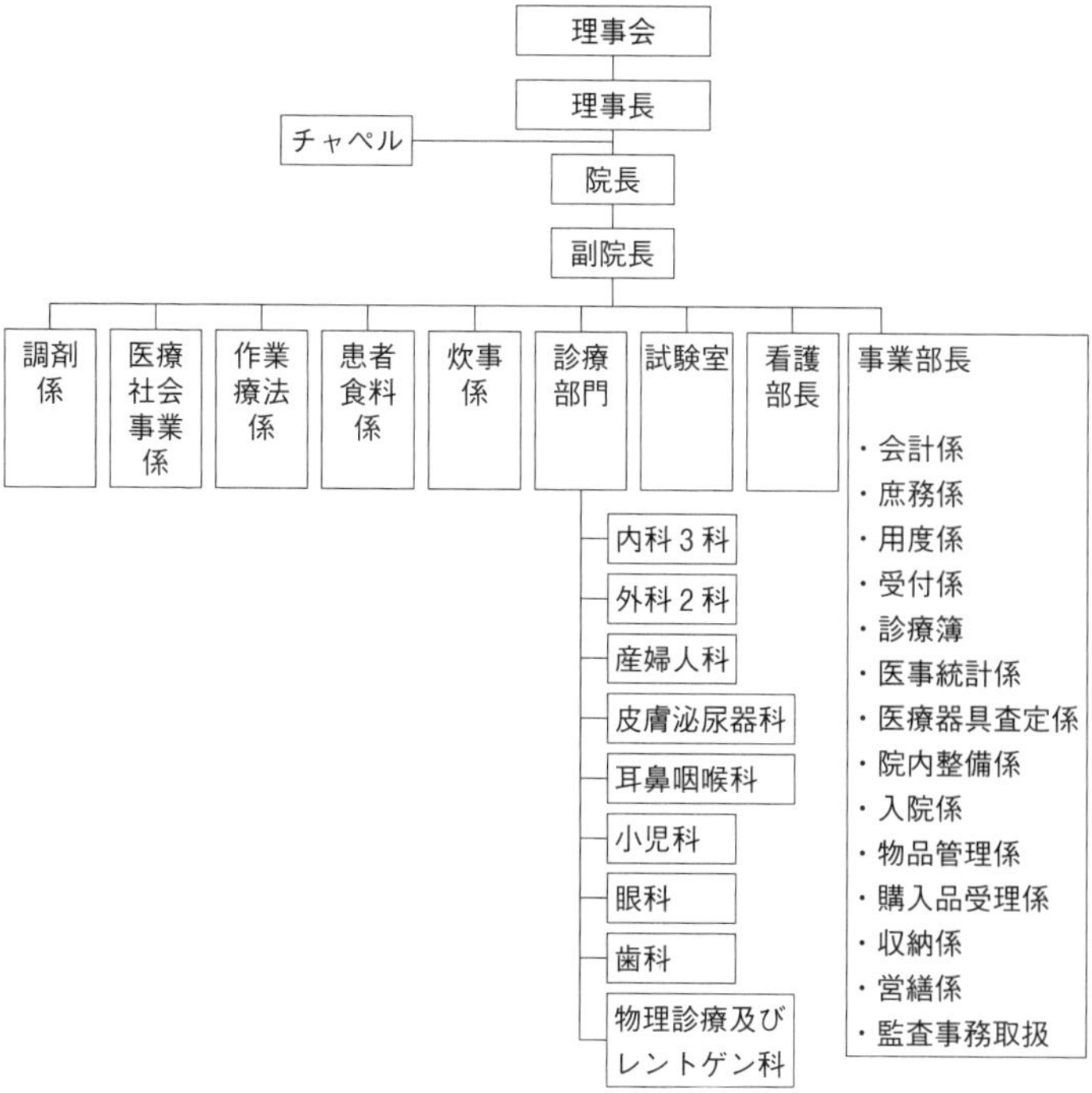

出所：羽田（2017）p.71

る。栄養科は、治療の一端を担う、病院の食事を提供する部門であり、管理栄養士・栄養士と調理スタッフにより構成される。

看護部は、入院および外来において看護サービスを提供する部門である。看護部門を構成する職員は各病棟に看護師長、看護主任、保健師、助産師、看護師、准看護師、看護助手、クラークなどがいる。看護師は病棟、外来、中央診療施設などあらゆる部署に配属されており、人数も病院組織の中で最大の部門である。その業務は「看護」と「診療の介助」である。

事務部門は、外来事務、病棟事務、検査事務等の医療サービスの補助業務と、診療報酬請求にかかわる業務、総務、経理、人事、企画調査等の経営管理業務を行っている。

このほかに労務部門として、病院の清掃、備品管理、リネンの補給管理などのハウスキーピングを行う部門もある。

一般企業の職能別組織では、職員の職能の異なる部門への人事異動もありえる。例えば製造業の営業部に所属していた職員が、人事異動により経理部あるいは人事部に移ることはジョブローテーションの一環で行われている。しかし、病院の職能別組織においては、診療現場における職能のことなる部門への人事異動はあまり多くはない。看護師であり看護部に所属する職員が医師の所属する診療部への異動あるいは、薬剤師の所属する薬剤部に所属することはほとんどない。これは前述のように各職能に所属する医療スタッフは職能に伴う国家資格を有したうえで各職務を行っているためである。但し、看護師あるいは診療放射線技師や臨床検査技師等の国家資格職員がこれまでの知見を活かして管理部門に異動し管理業務に従事することは散見される。

(2)　ヘルスケア組織の事業部制組織

ヘルスケア組織の事業部制組織は組織運営母体において事業部制組織が形成される。それは組織運

図表２－６　学校法人聖路加国際大学の組織図

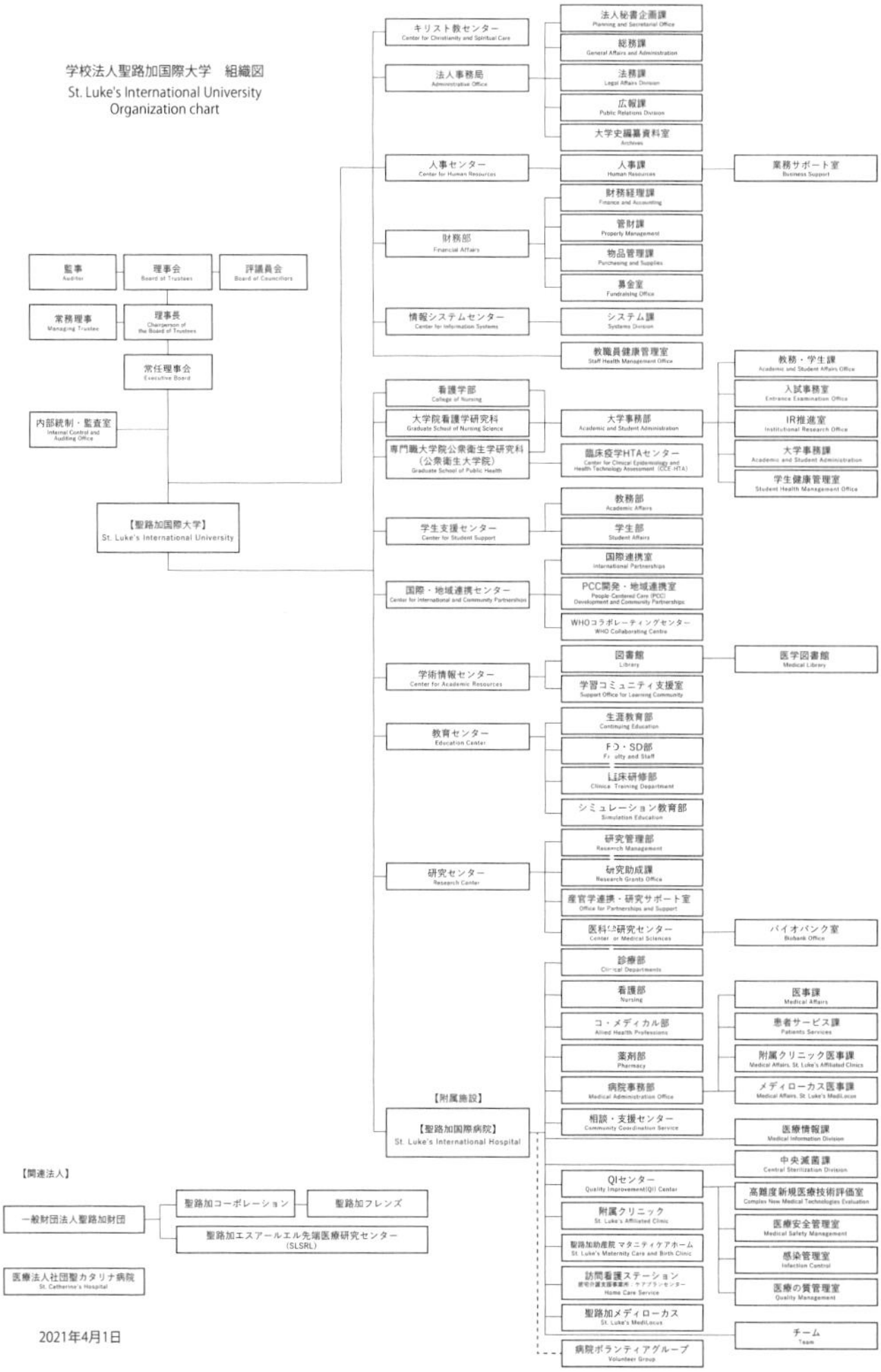

出所：聖路加国際大学ウェブサイトより

営母体の医療法人や学校法人等のもとで、いくつかの事業に分かれたものである。医療法人が運営する病院事業、介護事業、クリニック事業などを運営しているものが、ヘルスケア組織の事業部制組織となる。

4　組織の発展段階モデル

チャンドラー（1962）は、企業組織の発展について次の命題を掲げている。組織構造は企業の成長戦略に従う。企業の戦略と企業構造の関連には段階的な発展の順序がある。これらから「組織は戦略に従う」という名言を残している。

アメリカ企業の成長の段階についてチャンドラーは次のように述べている。

ほとんどの企業の始まりは、工場や営業事務所や倉庫のような単一の部局であり、一つの産業に属し、一カ所に立地し、製造、販売、卸しのような単一の職能であった。企業の成長は、まず量的拡大が始まることで、管理部門の必要性が生じる。

次に地理的拡大の戦略により、同一産業、同一職能ではあるが異なった複数地域に立地する現業単位群が作られた。この単位間の調整、専門化、標準化などの管理上の問題を処理するために、職能部門の管理部局が編成された。組織の次の発展は垂直統合によるもので、同じ産業内ではあるものの、

図表２−７　組織の発展段階モデルの要約

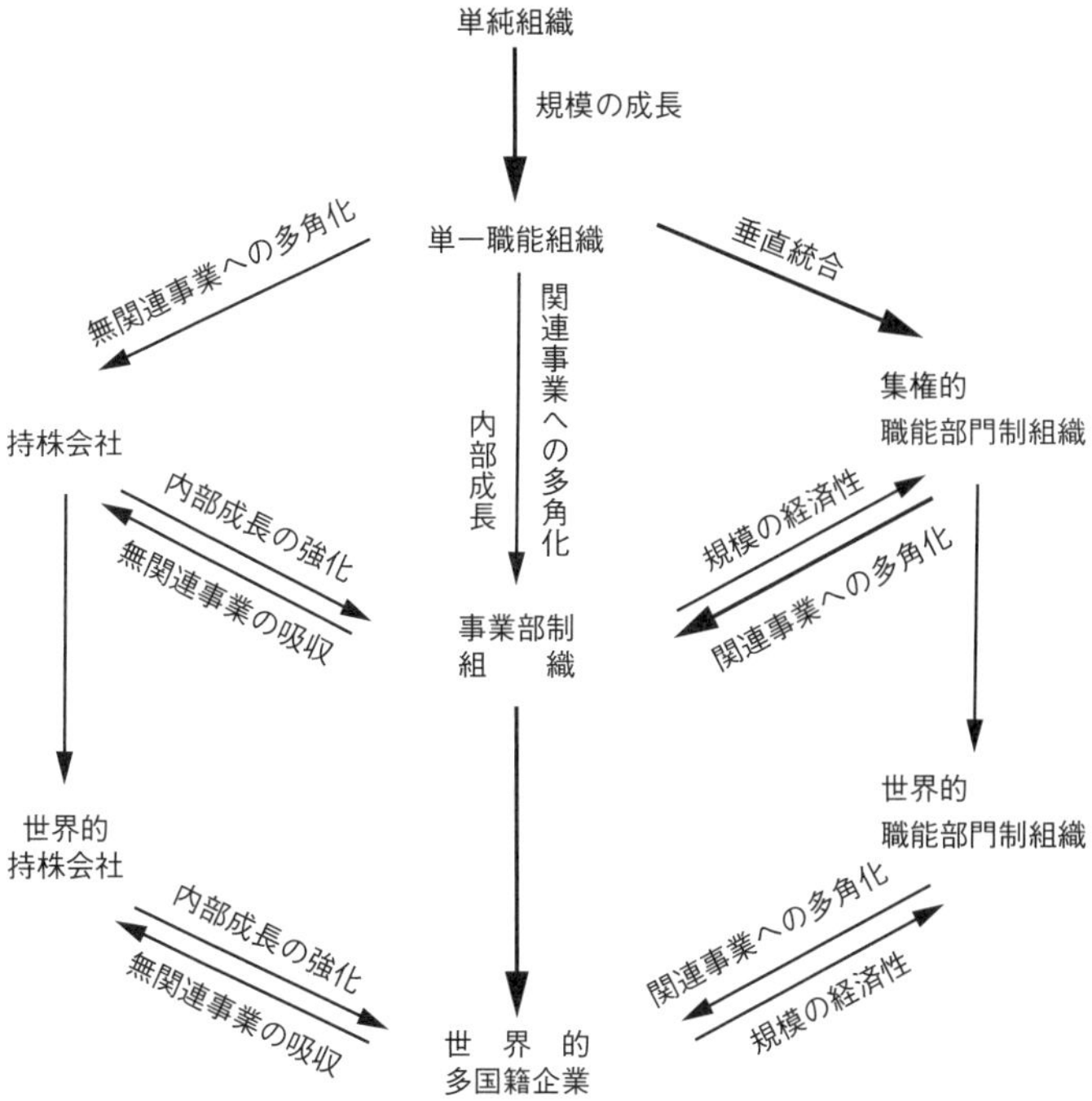

出所：Galbraith and Nathanson（1978）邦訳 p.139

他の職能を吸収創設した。２つ以上の相互依存する職能間に流れる財の動きを調整するため、新しい管理上の問題が生じた。こうして予測、生産計画、生産設備能力の調整の技法が発達した。

最終段階は、製品多角化であり、企業は主力市場の衰退につれて既存の資源を利用するべく新しい産業に進出した。こうして製品多角化によって生じた新しい組織形態が事業部制組織である。

ガルブレイスとネサンソン（１９７８）は、組織の発展段階モデルを次のように述べている。単純な組織形態から出発した組織は多様性が増すにつれて新しい組織形態へ移行する。組織は職能を加え製品を増やし、地理的拡大を行い、それらに合わせて組織構造を変えるとしている。出発は単一職能と単一製品ラインだけの単純な組織構造である。組織構造は量的な拡大によって規模が増大すると分業が生じて分化する仕事の調整のために単一職能組織が生まれる。次に職能別組織は練り上げられて大規模な集権的企業である職能別組織となる。次に内部成長と買収によって関連事業の多角化を追求する企業は事業部制組織を採用する。

チャンドラー、ガルブレイスとネサンソンが述べることとは、企業はいきなり事業部制組織を形成するのではなく、企業の規模と成長に合わせて、いくつかの発展段階があり、一般的には、単純組織から単一職能組織となり、職能別組織へ移行し、多角化によって事業部制組織に移行するのである。

ヘルスケア組織の発展段階モデル

一般事業会社と同様に、病院の組織デザインもいくつかの発展段階を有している。わが国の病院のおよそ7割を占める私的病院の、組織デザインは次のように発展して来た病院が多い。

一条（１９９７）は次のように病院の組織デザインの変遷を述べている。１人の医師が開業し、診療所から始めて小規模病院になり、さらに規模を拡大していった事例が多く、民間病院が開業医（無床診療所）、有床診療所、外来型小規模病院、大規模病院へと病院規模的にも機能的にも段階的に発展することとは、資本主義経済において、個人企業が拡大し株式会社組織へと発展するのと同様であり、医療政策に即応しながら規模と機能を拡大させてきた歴史を有する。

中島（２００７）は、病院組織の発展は成長とともに組織構造は、診療チーム、診療機能別組織、プロトタイプのマトリックス組織、職種部門別組織、事業部制組織、マトリックス組織へと６つのステージに進化したと述べている。

診療チームは１人の医師を中心とした個人診療所であり、企業組織の単一組織形態である。１人の医師が業務の命令・指示を全て行ない、医療技術者・看護師も１人だけである。

診療機能別組織は、診療所や小規模病院で見られる組織デザインであり、企業組織の単一組織から職能別組織に移行する段階である。２～３人の医師がいて医師の診療機能を中心に組織が動いており、医師の専門分野や診療科別に次第に分かれはじめる。

プロトタイプのマトリックス組織は、中規模民間病院に見られる組織デザインである。医療技術の専門分化に伴い看護部門等が独立し、権限が一部委譲されるが、引き続き医師は業務や人事管理に関与する。診療機能と組織管理上の複数の命令系統が存在する組織である。

職種部門別組織は、中規模以上の病院に見られる組織デザインである。企業組織の職能別組織に相当する。

事業部制組織は、経営する組織が複数になり透析センター、循環器センター、救急センター、健診センター等の独立性の高い戦略部門の事業部制組織となる。

マトリックス組織は、各事業部を統括する本部機構に職種別の統括責任者がおかれ、事業部間の専門職種別部門の管理を行なうようになる。

ただし、一般企業で大企業の子会社化等に見られるように、最初から一定規模の資源や人員を擁して、職能別組織や事業部制組織で始まった企業もあるように、病院組織においても独立行政法人立病院、地方自治体立病院、日本赤十字病院、済生会病院などは、個人が開設した診療所から発展した歴史を有さず、病院開設時から職能別組織でスタートした病院組織も多い。

5　ミンツバーグによる組織理論

組織を構成するさまざまなパーツは、組織の重要なサブシステム機能である生産や管理やマーケティングなどのマネジメント機能を果たすために設計される。

ミンツバーグ（1981）によれば、どのような組織にも5つのパーツがあるとしている。組織を構成する5つのパーツは、テクニカルコア、トップマネジメント、ミドルマネジメント、テクニカルサポート、経営サポートである。

組織はまずある考えを持った人間から始まる。この人間が司令塔でありトップマネジメントを形成する。そしてオペレーションの主役である組織の基礎的作業を担当する人々を雇用する。やがて組織が成長するにつれ、トップマネジメントとオペレーション実行者の中間に中間管理職のミドルマネジ

図表 2-8　組織の 5 つ基本要素

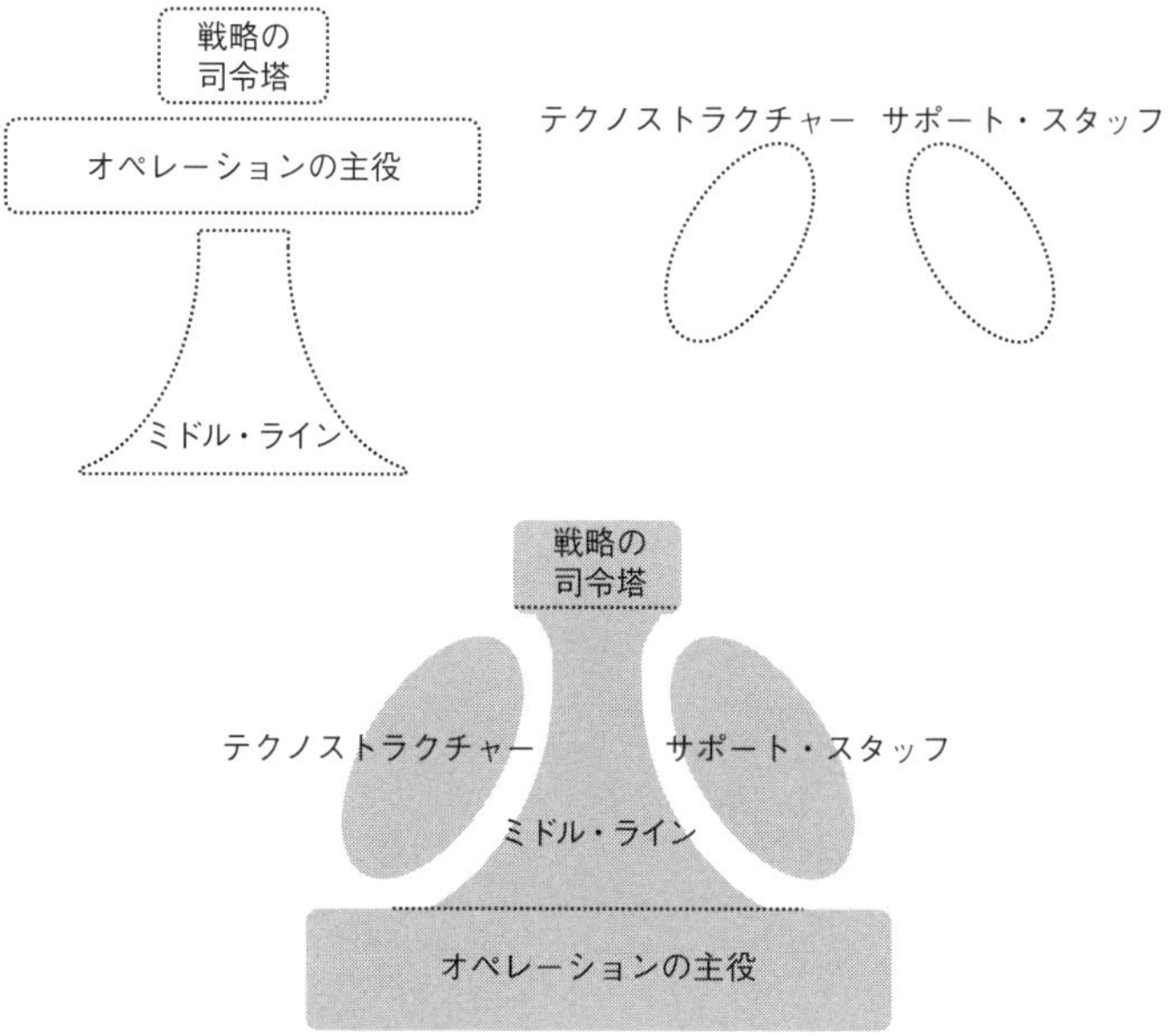

出所：Mintzberg (1981) 邦訳 p.260

メントが形成される。このほか組織には二種類のスタッフ職が必要になる。第一のスタッフは仕事の公的な計画とコントロールに関するシステムつくりを担当する分析スタッフでテクノストラクチャーである。第二のスタッフはサポートスタッフで、組織の他の部分に対して間接的サービスを提供する。

テクニカルコアは、実際に組織の製品とサービスを産出する部門であり、このパーツに属する人々は組織の基礎的な作業を担い、組織がインプットしたものをアウトプットへの主要な変換が行われる場である。

トップマネジメントは、明白なサブシステムとして組織全体あるいは他のパーツに方向、戦略、目標、方針を与える。

ミドルマネジメントは、事業部門レベルで実行と調整する責任を負う。伝統的な組織では、テクニカルコアの橋渡しとして階層の上下への情報伝達の役割を担う。

テクニカルサポートは、組織が環境に適応するのを手助けする機能を担い、この部門に属する技術者や研究者は、外部環境に目を配り、問題やチャンスや技術開発がないかを探る役割がある。

経営サポートは、円滑な操業と物理的要素と人的要素を含む組織の維持を担当する。この部門には、人事部門や総務部門管理部門や保守メンテナンス部門などが含まれる。

ミンツバーグは、5つのパーツを結びつけることで組織の全体像ができあがるとして、組織構造の主目的は、多種多様に分割された仕事を調整することであり、調整方法によって組織がどのような形を取るのかが決まってくると述べ、次のような5つのコンフィギュレーションを掲げている。

5つのコンフィギュレーションとは、①単純構造、②機械的官僚制、③プロフェッショナル的官僚制、④事業部制、⑤アドホクラシーである。

この中で、ヘルスケア組織である病院組織のコンフィギュレーションは、プロフェッショナル的官僚制であると述べその特徴も後述のように述べている。

①　単純構造

最も単純な組織で、経営トップが命令を下し最低限のスタッフしか持たない組織である。古典的な

図表2－9　5つのコンフィギュレーション

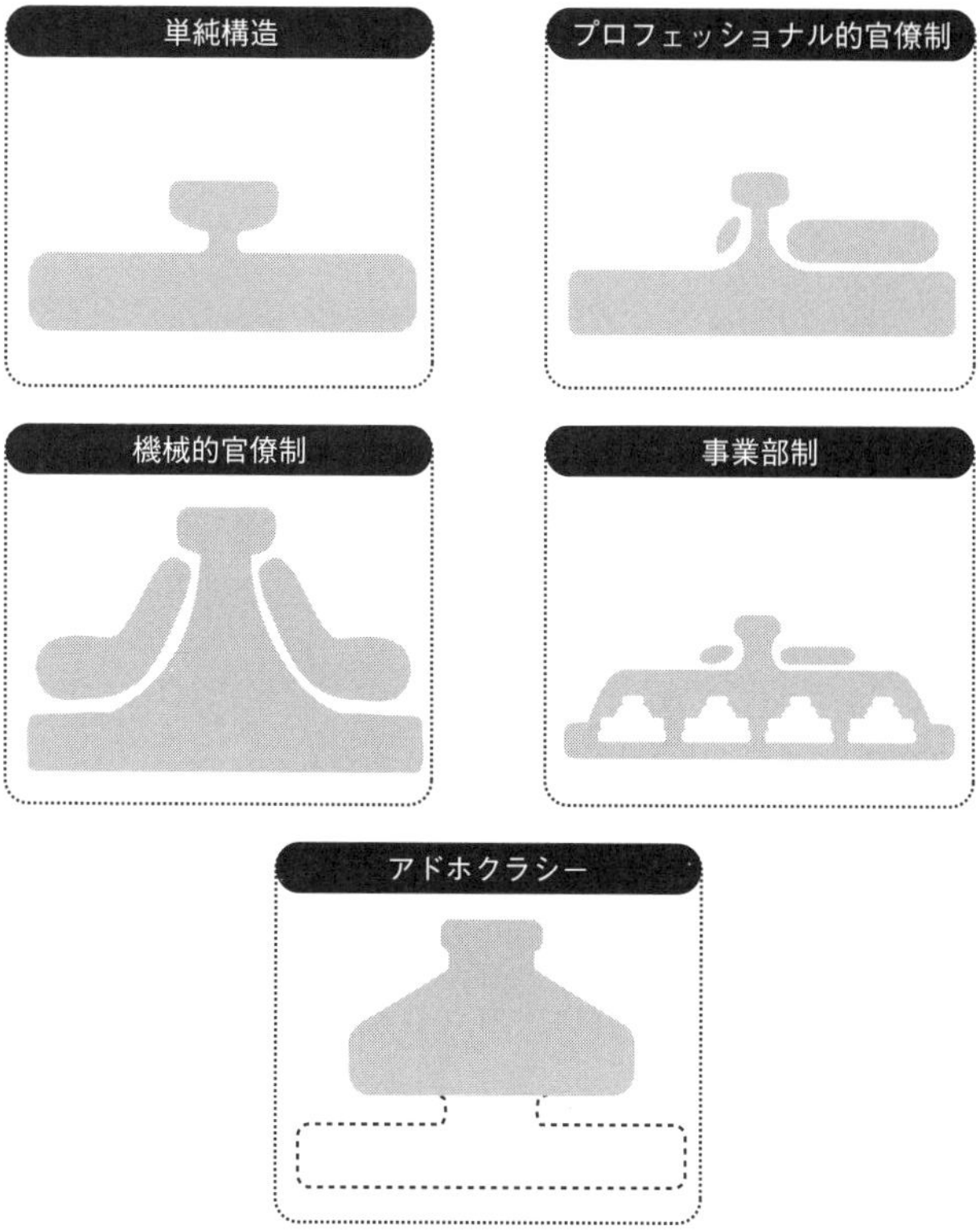

出所：Mintzberg（1981）邦訳 p.262

起業家的企業であり、多くのものが欠落しており、多くのものが未整備である。

②　機械的官僚制

職能別組織のことであり、調整のための作業プロセスの標準化による高度専門化した職務に重点が置かれる。トップマネジメントへの中央集権化のため、組織の環境も生産方式も複雑な状況下では対応が難しくなる。

③　プロフェッショナル的官僚制

病院組織はこのプロフェッショナル組織である。調整のための作業プロセスやアウトプットの標準化より、スキルの標準化に依存しているため、機械的官僚制とはかなり異なった組織特性を有している。学校や会計事務所などが好んで取り入れていることの多い組織構造である。この組織のオペレーションの主役は、専門的訓練を受けたプロフェッショナルであり、スキルが高く、自身の仕事に対して大幅な権限を委ねられている。その結果、組織は分権化の程度が非常に高くなっている。オペレーションの面でも、戦略面でも多くの意思決定権限は、階層を超えて直接オペレーションの主役であるプロフェショナルに委ねられている。作業プロセスは複雑であるがかなり標準化されている。サポートスタッフはプロフェショナルを支えるために大規模になり、その仕事は様々であり、多くはプロフェショナルがやりたがらない単純なルーティン作業である。しかしテクノストラクチャーはそれほど必要ではない。この組織はプロフェショナルたちにとっては民主的階層組織だがサポートスタッフにとってはトップダウン型専制的階層組織である。

④　事業部制組織

製品多角化が起きると組織は大きな製品系列ごとに市場ベースユニットである事業部をつくり、各事業部門に運営の自主性を委ねるようになる。事業部制組織は現在の大規模企業のほとんどで採用されている。

⑤　**アドホクラシー組織**

サポートスタッフに見識のあるスペシャリストを使い、相互調節により調整されたプロジェクトチームで共同作業を行う組織で、ラインとスタッフの関係が解消されたのがアドホクラシー組織である。専門部署からスタッフを集め、スムーズに機能する創造的なチームのプロジェクトチームの構造であるこのアドホクラシー組織が登場するようになった。

6　ミンツバーグ組織論からみる病院組織について

病院組織は、ミンツバーグが述べる典型的なプロフェッショナル組織である。病院組織は、前述のように患者に対する医療サービスを提供する現業部門に所属するオペレーションの主役である国家資格を有する医療スタッフと、そのサポートに当る事務部門に所属するスタッフが所属している。

ミンツバーグは、外部環境に目を配り、問題やチャンスや技術開発がないかを探る役割のテクノストラクチャーは必要でないと述べているが、今日の病院組織では、診療情報や様々な経営に関するデータを分析して病院経営に関するアドバイス等を行う分析スタッフや経営管理スタッフの役割は非常に重要である。

この組織のオペレーションの主役は、専門的訓練を受けたプロフェッショナルであり、スキルが高く仕事に対して大幅な権限を委ねられている。その結果、組織は分権化の程度が非常に高くなる。オペレーション面、戦略面において多くの意思決定権限はオペレーションの主役であるプロフェショナルへと働く。

ヘルスケア組織におけるネットワーク組織

ヘルスケア組織におけるネットワーク組織は、各種の委員会組織やプロジェクトチーム（例えば医療機能評価受診プロジェクト、ＩＳＯ受診プロジェクト）や地域医療連携推における医療連携ネットワークなどを上げることができる。

プロジェクトチーム

ある目的を遂行するために組織横断的に集められた人々によって編成された臨時的（アドホック）な活動集団のことであり、任務終了後に解散することから期間限定の活動であることからタスクフォース（機動部隊）と言われることもある。何らかの対応や問題が発生した時にそれらの問題等の解決を目的として編成されることが多い。問題対処などからのチーム編成という受動的な編成動機から、新製品開発プロジェクトなど能動的な活動理由から編成されることもある。

ヘルスケア組織においては、様々なプロジェクトチームが導入されている。プロジェクトチームを導入する目的は様々であるが、たとえば患者満足度向上のため、医療事故の防止のため、医療安全の

図表2－10　ヘルスケア施設のプロジェクトチーム図

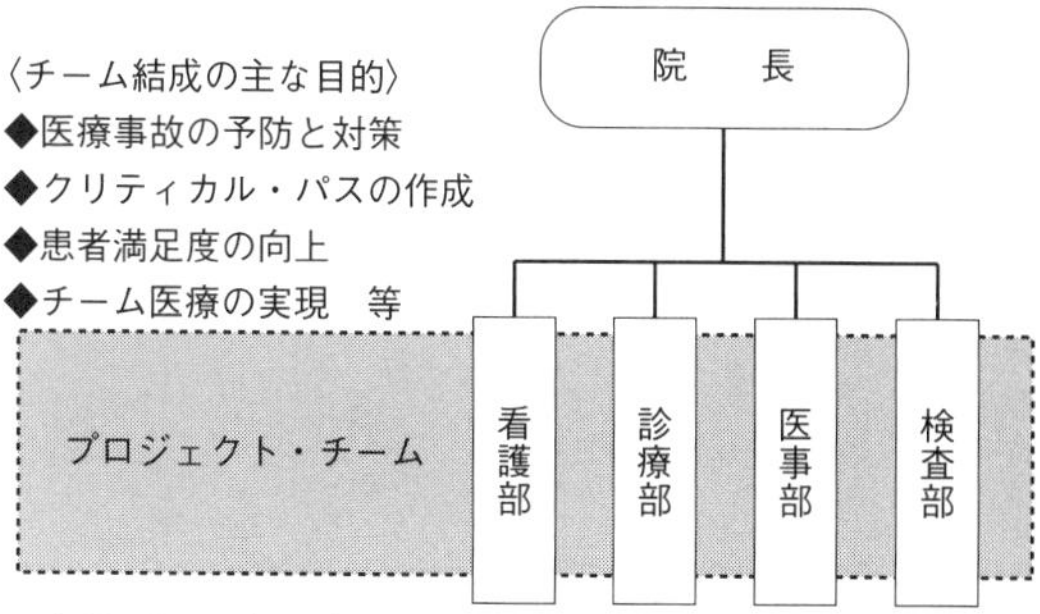

出所：福原（2004）p.82

ため、クリティカルパスの作成のためなどの医療サービスの向上のためなどの意図で実施されることが多い。プロジェクトチームは、ヘルスケア部門横断的にメンバーが編成され各種委員会として運営されていることが多い。

ネットワーク組織

命令系統や権限や責任が明確な階層構造と異なり、相互理解や契約などの合意形成によって緩やかに結び付いた関係に基づく組織である。構成要素間の緩やかで自由度の高い関係概念であるが、ネットワーク組織と関係性を有する構成要素は複雑で多岐にわたる。

ネットワーク組織は、相互に経営資源の依存関係が存在し、協働活動の頻度が高く相対的に結びつきがタイトな関係もある一方でネットワークに参加する関係者の間の境界は曖昧な関係も多い。

図表２－11　ヘルスケア施設を取り巻くネットワーク組織

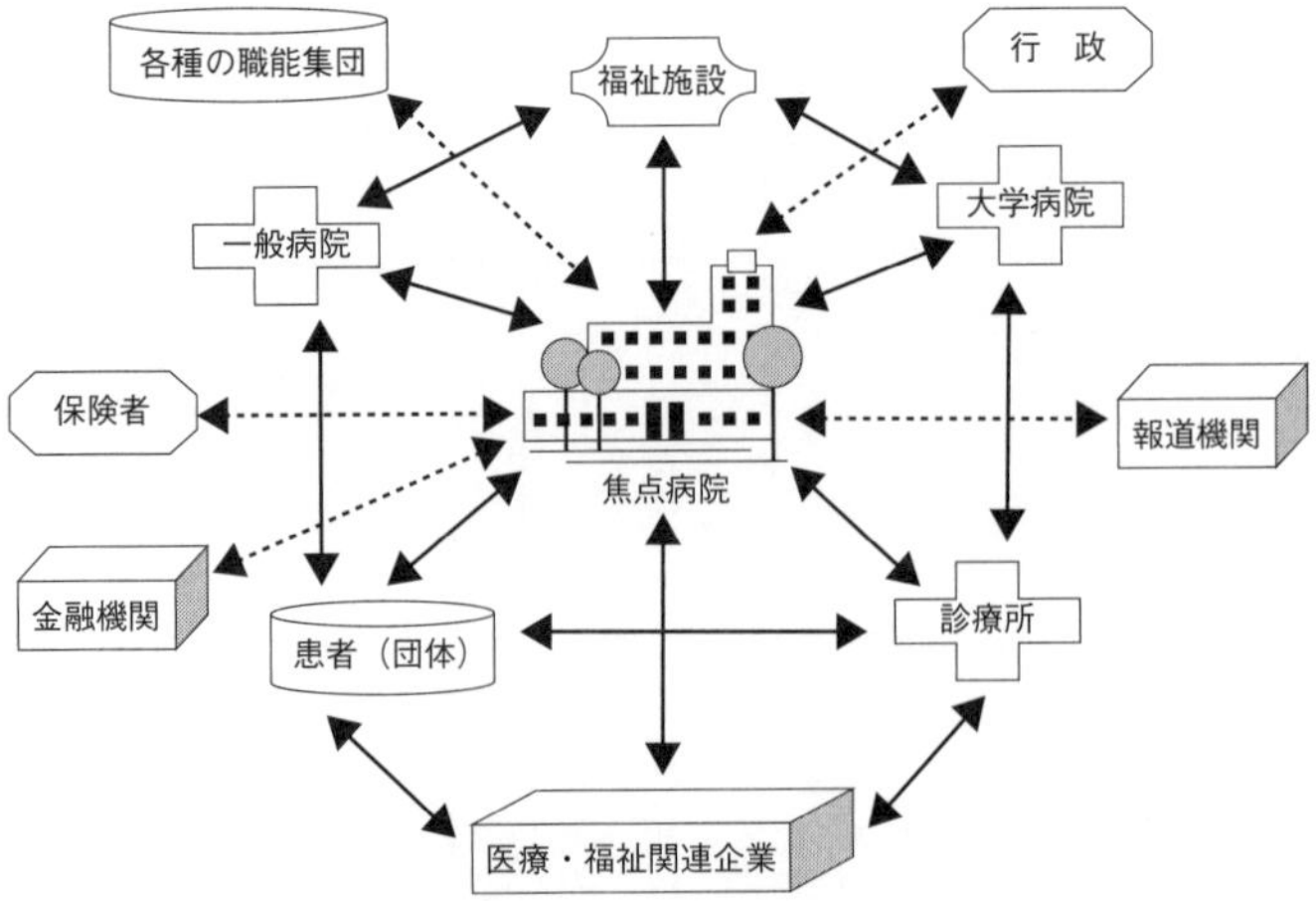

注：◀━▶ ネットワーク組織の関係　◀┅▶ ステーク・ホルダーの関係
出所：福原（2004）p.83

地域医療連携

ヘルスケア組織におけるネットワーク組織の代表的なものは地域医療連携である。地域医療連携は地域のヘルスケア施設が相互に連携し、診療機能のすみ分けである機能分化を図ると同時に専門性を高めることで地域の医療サービスの効率化を図るものである。

地域における中核病院は、高額な検査機器と専門医など高度医療を提供する資源を保有するのに対して、診療所などの開業医は高度医療を提供する手段を持たないために中核病院が持つ医療資源に依存する関係から地域医療連携が構築されるのである。

地域包括ケアシステム

前述のように地域包括ケアシステムは、地域において医療と介護の連携は欠かせないものであり、医療と介護の連携は、病院の退院時において医療と介護の連携が必要になる場合と、在宅療養時において要介護状態が続いている状態において医療と介護の連携が必要になる場合と、在宅において病態が急変した場合や看取りなどの場合において介護と医療の連携が必要になる場合がある。高齢者本人の希望にかなった住まいが確保され、生活支援が提供され、適切なケアマネジメントに基づいて提供される専門職によるサービスが介護・リハビリテーション、医療・看護・予防があり、長期ケアを必要とする要介護者には、医学的な疾病管理と日々の生活を支える介護の双方が必要である。

ヘルスケア組織の組織特性

ヘルスケア組織には、安全性の確保を目的とした社会的規制として組織運営に関する次のような規制がある。

病院の病院長には資格要件があり、病院長は臨床研修を修了した医師でなくてはならない（医療法第10条）。そして、2つ以上の病院長を兼ねることは、都道府県知事の許可を得た場合を除き不可である（医療法第12条）。そのため、いかに経営能力に優れた人物であっても、臨床研修を修了した医師でない限り病院経営のトップに就任することは不可となっている。

病院は、定められた人員と施設を有して、記録を備えなければならない（医療法第21条）。病床の種別に応じて医師、看護師、その他の従業者を雇用しなければならず、診療室、手術室、処置室、臨床検査施設、エックス線装置、調剤室、給食施設、診療に関する諸記録、その他厚生労働省令で定める施設が必要である。

このように医療法等により、最低限必要な人員と診療設備とその診療設備の面積等も定められているので、例えば病院経営において人件費削減のための人員削除や、設備費用の圧縮目的での設備削減も限定的になる。

そして、ヘルスケア組織は、以下のように様々な資格を有する専門職者が定められた行為を行うため、一般企業同様の経営管理手法は通じにくい。そのため、マネジメント能力の巧緻が病院の業績格差要因を招くことになる。

ヘルスケアスタッフの職種として、医師、看護師、助産師、診療放射線技師、臨床検査技師、臨床工学技師、薬剤師、管理栄養士、栄養士、理学療法士、作業療法士、言語聴覚士、社会福祉士等があり、専門資格を有さないのは事務職のみと言われている。これらの職種は異なる資格要件に基づく免許制があり、業務範囲等は個別の法令によって定められている。たとえば医師は医師法、看護師等は保健師助産師看護師法、診療放射線技師は診療放射線技師法、臨床検査技師は臨床検査技師法がある。各法令には「免許取得者でない者はこれらの業をしてはならない」等の業務独占規定と「名称を用いてこの業をしてはならない」等の名称独占規定がある。このようにヘルスケア組織には多くの専門職が業務に就いており、各専門職の組織上の立場や労働条件を規定すること等一般事業会社と異なる特徴がある。

ヘルスケア機関における診療行為と診療報酬の発生は、医師が行うものと、医師の指示・管理の下で業務を行うこと等を起因としている。最近は、チーム医療によって、患者を取り巻く様々な診療スタッフが協力しながら治療に取り組むようになっている。しかし、医師にはコ・メディカルスタッフへ指示が行えることによる大きな権限がある。そのためヘルスケア機関の組織運営においては、如何に医師のマネジメント能力を引き出すことが出来るかが重要なポイントとなるのである。

（羽田明浩）

参考文献

Chandler, A. D.（1962）STRATEGY & STRUCTURE, Massachusetts Institute of Technology.（有賀裕子訳（２００４）『組織は戦略に従う』ダイヤモンド社）
Galbraith, J. R. and D. A. Nathanson.（1978）Strategy Implementation: The Roleof Structure and Process, West Publishing Co.（岸田民樹訳（１９９２）『経営戦略と組織デザイン』白桃書房）
Mintzberg, H.（1981）“Organization Design: Fashion or Fit?,”Harvard Business Review, January-February.（「組織設計流行を追うか適合性を選ぶか」『DIAMOND ハーバード・ビジネス』１９８１年６月号）
羽田明浩（２０１７）『ナースのためのヘルスケアＭＢＡ』創成社
福原康司（２００４）「医療・福祉施設における組織と管理」国際医療福祉大学医療経営管理学科（編）『医療・福祉経営管理入門』国際医療福祉大学出版会
一条勝夫（１９９７）『医療経営管理論』篠原出版
石井淳蔵・奥村昭博・加護野忠雄・野中郁次郎（１９９６）『経営戦略論』有斐閣
中島明彦（２００７）『ヘルスケアマネジメント』同友館
佐藤耕紀（２００３）「組織類型論の統合に向けて：ヒエラルキー型組織とネットワーク型組織の組織デザイン特性」防衛大学校紀要Ｖｏｌ．87、１～28頁

第3章　ヘルスケア業界の競争戦略論

1　競争戦略

競争戦略は、特定の業界・産業において、どのように事業展開を図るかという基本方針においてどのように競合他社と競争をするかを模索するものである。

競争戦略論は大きくは、企業が獲得する利益の源泉を、企業の外部からの分析を重視するか、企業の内部からの分析を重視するかの2つに分かれる。事業の外部要因の分析を重視する考えをポジショニング・アプローチと言う。ポジショニング・アプローチによる分析方法は企業が所属する業界の構造分析などの外部環境要因を重視する考えである。一方、企業の事業内部の分析を重視する考えは、資源ベース・アプローチという分析方法によって企業の内部経営資源要因や企業の組織能力要因の影響を検証するものである。

企業の持続的競争優位の源泉を、企業の外部の環境に見るポジショニング・アプローチの代表的研

図表3－1　競争優位の源泉

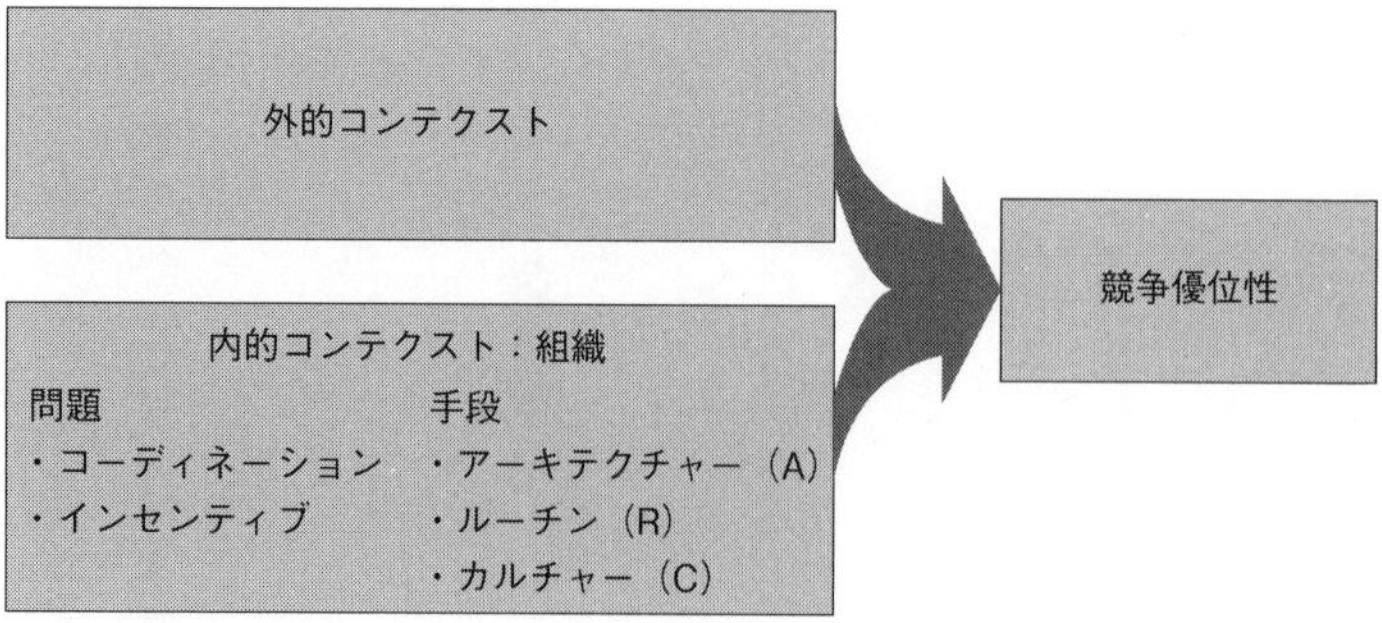

出所：Saloner et al.（2001）邦訳 p.83

究者はマイケル・ポーターである。

ポーター（1980）が唱える業界の構造分析方法にファイブ・フォース・モデル（5つの競争要因（5 forces））がある。この5つの競争要因は、参入するべき業界の構造分析を通して、収益率の高い魅力的な業界と、競争が激しく収益率の低い非魅力的な業界を分析する仕組みである。5つは、①新規参入の脅威、②代替製品の脅威、③買い手の交渉力、④売り手の交渉力、⑤競争業者間の敵対関係、があり、この5つの競争要因によって業界の収益率が決まると述べている。これは、5つの競争要因が強い（弱い）ほどその業界の収益性は低い（高い）ことである。そのため、業界の競争要因からうまく身を守り自社に有利な位置を業界内に見つけることが必要であるとしている。

①　新規参入の脅威

ある業界に他の業界から新たに参入することによって、競争が激しくなることから、既存業者の販売価格が低下するか、製

図表3－2　5つの競争要因

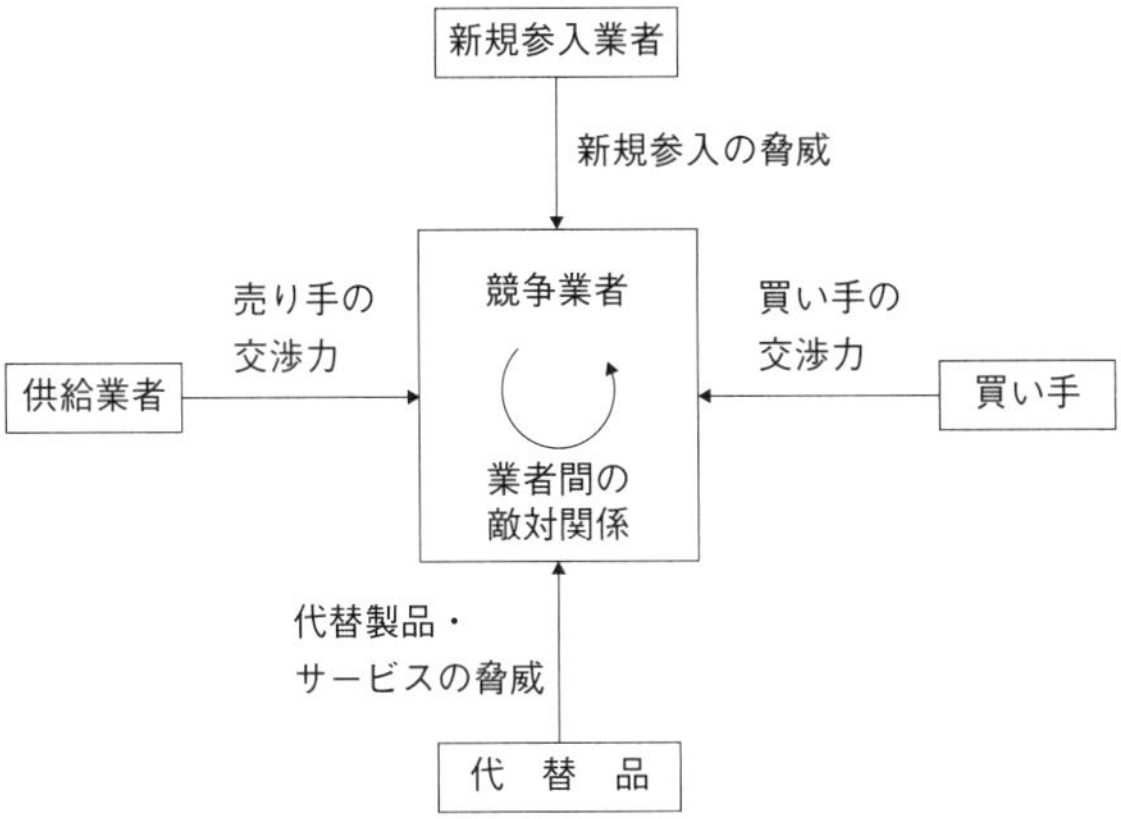

出所：Porter（1980）邦訳 p.18

造コストが高まり、結果として収益が低下する。新規参入の脅威がどれくらいあるかは、参入障壁がどのくらいあるいは既存業者の反撃の大きさによって決まる。参入障壁が堅固であり、防備を強化した既存業者からの鋭い反撃が予想される場合は、当然ながら新規参入の脅威は小さくなる。

② 代替製品の脅威

業界内のすべての企業は、代替製品を生産する他の産業と広い意味での競争を続けている。代替製品は、現在の製品と同じ機能を果たすことができる他の製品を意味する。

それらのうち注意が必要な代替製品は、現在の製品よりも価格体製品性能の比率がよい製品、あるいは高収益をあげている業界が生産している製品であり、この代替製品の改良で、業界の競争が激化することで既存業界へのかく乱に繋がることもある。

③　買い手の交渉力

買い手は、価格の値下げを迫ったり、もっと高い品質やサービスを要求したり、売り手同士を競い合わせたりして業界の企業収益を下げる行動を行なう。

買い手がどれだけ力を持つかは、市場状況の特性に決まる他、買い手の業界全体に占める購入割合によって決まってくる。次のような場合は買い手の力は大きい。買い手が集中して大量の購入をする場合買い手の力は大きい。買い手の購入する製品が標準品などでいつでも代わりの供給業者を見つけられる。取引先を変えるコストが安いと買い手はいつでも供給業者を変えることができるので買い手の力は大きくなる。買い手が川上統合に乗り出す姿勢を示すことで買い手の力は強くなる。

④　売り手の交渉力

売り手である供給業者は、買い手に対して価格を上げる、あるいは品質を下げると言うことで交渉力を高めることができる。力のある売り手は力の弱い買い手業界から収益を奪うことができるのである。

供給業者の力を強める条件は買い手に力を与える場合に似ており、次のような場合に売り手の力は強くなる。売り手の業界が少数の企業によって支配されており、買い手の業界よりも集約されている場合、価格品質取引条件の面で強力な力を発揮する。買い手が供給業者にとって重要な顧客でないあるいは供給業者の製品が買い手にとって重要な仕入品である。供給業者の製品が特殊な製品であり、他の製品に変更すると買い手のコストが増す場合。供給業者が川下統合に乗り出す姿勢を示す場合に供給業者の力は強まるのである。

⑤　**競争業者間の敵対関係**

既存業者間の敵対関係は、価格競争、広告競争、新製品の導入、顧客サービスの拡大などの戦術を駆使して、市場地位を確保しようという形をとる。

既存業者間の敵対関係が激化するのは様々な構造的な要因によって引き起こされるが、次のような場合に起こる。同業者が多く、似たような規模の会社がたくさん存在する場合、業者間のせめぎあいは激しくなり、経営は不安定となる。一方業界の寡占状態が高い場合は、業界のリーダー企業による競争に一定の規律を与え調整の役割によって業界の収益性は安定する。

業界の成長が遅いと市場シェア拡大に努める企業間のシェア争奪競争を引き起こし、結果として収益性が低くなる。製品差別がなく買い手を変えるのにコストが掛からない場合、買い手による選択は、価格の安さとサービス内容によるため価格競争が出現し、競争は激烈になる。

2　業界の構造分析

業界の構造分析によって、業界内の企業にとって魅力的な業界と非魅力的な業界を検証することができる。

図表３－３　業界の構造分析

非魅力的な業界		魅力的な業界
高い 似たような商品多い 新製品はすぐにコピーされる 業界の成長遅い 商品過剰気味	企業間の競争意識	低い 少数の個性的企業が支配 製品に独自性あり ブランド力強い、業界全体成長早い、商品不足気味
強い 供給業者少なく、その製品の独自性高い 供給業者は他に強力な収入源を有する	供給業者の影響力	弱い 多くの供給業者が同質の製品を作っている。供給は過剰気味、供給業者間の価格競争激しく手ごろな価格で入手可能
強い 同様の製品が多く代替可能 ブランド認知低い　容易に切り替え可能　購買頻度少ない	顧客の影響力	弱い 製品は幸せな生活に不可欠だが不足気味、代替難しい客の選択肢は限定的　ブランド認知強
低い 参入しやすく徹底しやすい 既存企業の模倣が容易、専門知識を持たない小規模企業が少額設備で参入可能	参入障壁・撤退障壁	高い 参入しにくく、参入しても利益計上は難しい。企業規模、巨額な設備投資、当局の許可、施文知識、経験が必要
得やすい 顧客ニーズの応える妥当な価格の代替品がある	代替品	得にくい 顧客ニーズに応える妥当な価格の代替品が少ないか、全くない

出所：Montgomery（2012）

モンゴメリー（2012）は、ファイブ・フォース・モデルを用いて、業界の構造分析として魅力的な業界と非魅力的な業界を分析している。魅力的な業界は、企業間の競争意識は低く、供給業者の影響力は弱く、顧客の影響力は弱く、参入障壁・撤退障壁が高く、代替品が得にくいと述べ、業界内は少数の個性的な企業が支配し参入障壁の高い業界をあげている。一方で非魅力的な業界は、企業間の競争意識は高く、供給業者の影響力は強く、顧客の影響力は強く、参入障壁・撤退障壁が低く、代替品が得やすいと述べ、業界内は商品過剰気味で成長が鈍化し参入障壁の低い業界をあげている。

ある業界に属する企業にとって魅力的な業界とは、業界内の競争は緩やかであり、取引先企業からの要求と得意先からの要求が厳しくない業界であって、結果として収益性が高い業界を意味している。

3　ヘルスケア業界の業界分析

わが国のヘルスケア業界の業界分析はどのようなものか、尾形（2010）は5つの競争要因（5 forces）を用いて日本の医療の現状を述べている。

①　新規参入の脅威

ヘルスケア業界については、他の産業に比べ制度的な参入障壁が大きいのが特徴に上げられる。営利企業の参入は原則として禁止されており、医療計画による病床規制など、結果的に既存の医療機関を保護し新規参入の規制につながっている措置が多い。わが国の医療業界は新規参入の脅威は他の産業に比べて大きくない現状にある。

②　代替製品の脅威

もともと医療サービスを代替する製品やサービスの範囲と内容は限られており、完全に代替できるような性質のものはない。医療の代替製品・サービスの一例として、市販薬（医師の処方箋を必要としない薬）や健康診断等の予防的なサービス、健康食品、サプリメントなどがあげられる。これらは一面では医療サービスを代替する側面もあり、医療機関で受診するよりも気軽に購入やサービスを受けられることも多いと思われる。しかしながら、これらが本格的な医療である入院手術を代替するような性質のものではない。

このような製品やサービスが既存の医療サービス代替するような脅威には現状ではなっていない。

③　買い手の交渉力

医療サービスの買い手は個々の患者などであり、医療サービス提供側との情報の非対称性による情報のギャップはきわめて大きい。そしてわが国の医療サービスの大半は医療保険によって公定価格となっており、買い手による価格交渉の余地はない。このようにわが国の医療業界においては他の産業に比べて顧客の交渉力は相対的に弱いと言える。

④　売り手の交渉力

わが国の医療業界において売り手の交渉力は相対的な力関係で決まる。国際的に事業展開している医薬品・医療機器メーカーは、製品の独自性や差別化度合いも大きく強い交渉力を有する場合が多

図表3－4　医療業界の5 forces

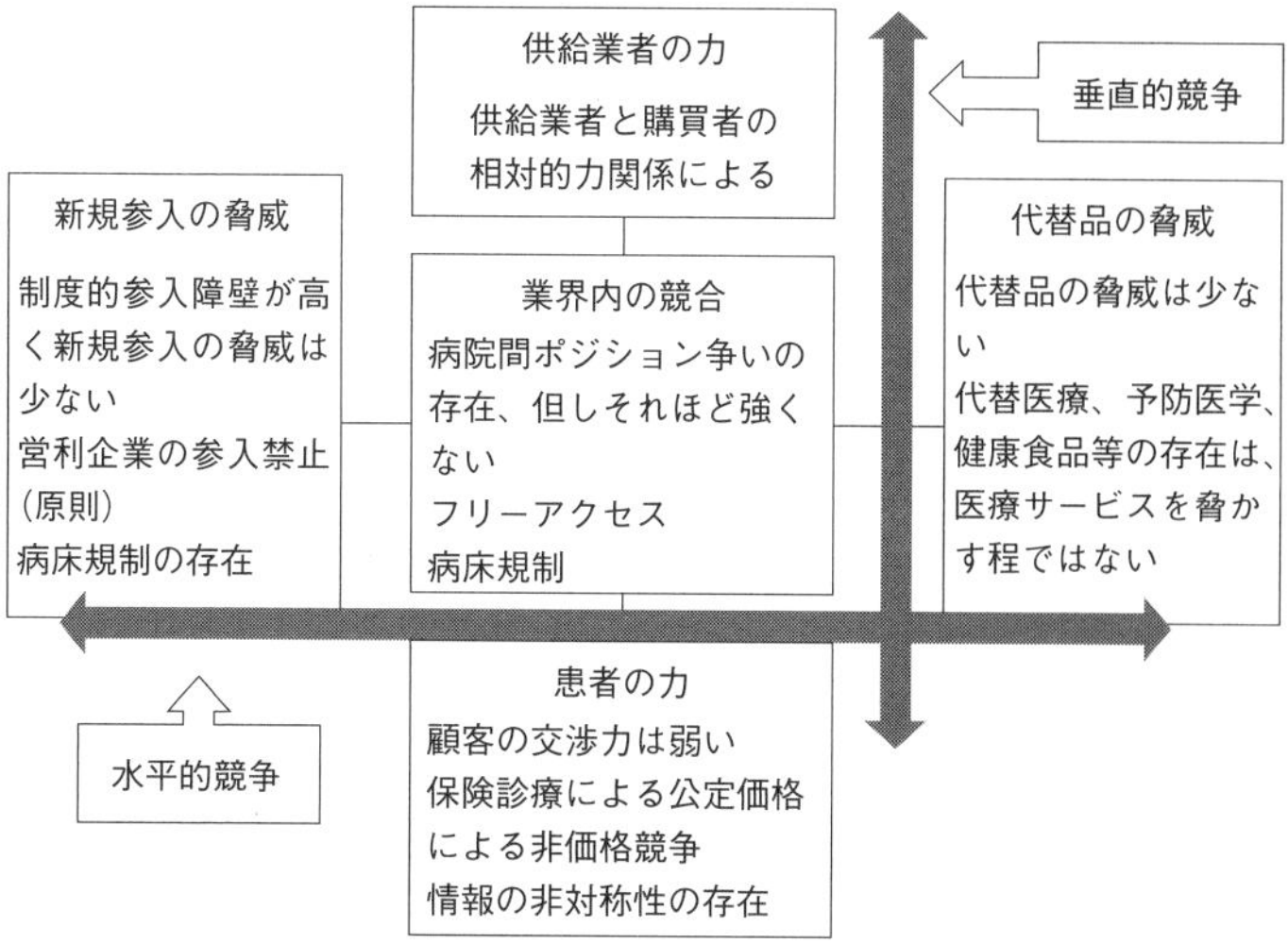

出所：尾形（2010）をもとに筆者作成

い。一方、給食、清掃、滅菌サービスなどの医療関連サービスの供給業者は、提供サービスの独自性や製品差別化もあまりないものが多く、相対的な交渉力は弱い。このように医療業界における売り手の交渉力はケースバイケースである。

⑤ 競争業者間の敵対関係

わが国の医療業界においてある程度は存在する。病床規制の存在によって病院の新設増設は規制されているものの、全国2次医療圏の大半は病床過剰医療圏であり、地域的に厳しい競争に直面している医療機関も少なくない。但し、医療業界においては地域医療連携などにより患者を紹介しあうなどの体制が構築されており、他産業にくらべれば競争業者間の競合関係は弱いと言える。

このように、5つの競争要因による基本的

な分析枠組みにより、わが国の医療サービスに関する基本的な競争要因を分析した結果は、他産業に比べそれほど強くないと言えるものである。供給業者の交渉力や業界内競争業者間の競合など競争要因は見られるものの他の競争要因は相対的に弱いことなどが要因となっている。

　このことは、医療業界の収益性は相対的に高い水準にあると言えるのである。これは、医療は非営利であると言われ、収益性の追求が必ずしも目的ではないものの、他産業に比べて高い収益性を得ることが可能な業界であることを意味している。

4　競争戦略の基本戦略

　ポーター（1980）は、競争戦略とは、業界内で防衛可能な地位をつくり、5つの競争要因にうまく対処し、企業の投資収益を大きくするための攻撃的または防御的なアクションであり、ある企業にとってのベストの戦略は、その企業の環境を計算に入れてつくりあげた戦略に他ならない。そのうえで、長期的に防御可能な地位をつくり、競争相手に打ち勝つための3つの基本戦略があると述べている。

　5つの競争要因に対処し、他社に打ち勝つための3つの基本戦略は、コストリーダーシップ、差別化、集中化である。

図表３－５　競争戦略

競争戦略の分類

コストリーダーシップ、差別化戦略、集中化戦略に分類（Porter, 1980）

	基本戦略	
	特異性あり	低コスト地位
業界全体	差別化	コストリーダーシップ
特定セグメント	集中化	

出所：Porter（1980）

(1)　コストリーダーシップ

コストリーダーシップは、コスト面で最優位に立つという基本目的にそった一連の実務政策を実行することで、コスト面で他社より優位に立とうとする戦略である。この戦略をとる企業は、効率の良い規模の生産設備を積極的に導入し、生産コストや間接諸経費の削減を追求する「同業者よりも低コストを実現しよう」がこの戦略の一貫したテーマである。

コストリーダーシップをもたらす要因に、経験曲線効果と規模の経済性がある。この戦略を取るのに必要なのは、相対的に高い市場シェアを得ること、原材料などが有利に入手できるような利点が必要である。そのためには、製造しやすい製品設計にする、コストが分散できるように関連製品種類を増やす、大量販売ができる体制を作り出すなどが必要になる。

規模の経済は、ある製品の生産・販売規模を拡大することによって、「単位当たり費用」が減少することをいう。生産・販売に伴った発生する費用は固定費と変動費に分けられる。このうち変動費は生産・規模拡大に伴い費用も増加するが、固定費は生産規模に係らず一定である。そこで生産規模の拡大によって「単位当たり固定費」は減少するのである。これが規模の経済の発生要因である。

経験曲線効果は、累積生産量（経験量）が倍増するたびに一定比率で「単位当たりコスト」が減少する現象をいう。経験量が増すことで労務費や製造原価やマーケティング費用などの費用が減少することが確認されている。

規模の経済と経験曲線効果は、生産量の増加がコスト減少をもたらすという点で類似しているが、規模の経済性はある時点での生産規模に起因するのに対して、経験曲線効果は過去からの歴史的経緯がコスト削減の要因になっていることに違いがある。

サービス業であるヘルスケア施設においては、規模の経済性は働きにくいが、経験曲線効果は多く発生する。

(2) 差別化戦略

差別化戦略は、自社の製品やサービスを差別化して、業界の中で特異だと見られる何かを創造しようとする戦略である。差別化の方法は様々であり、製品設計での差別化、ブランド・イメージの差別

図表3－6　差別化戦略

◎差別化戦略とは？
　自社の製品やサービスを差別化して、業界の中でも特異だと見られる何かを創造しようとする戦略

○差別化の方法
1. 製品設計、ブランドイメージの差別化
2. テクノロジーの差別化
3. 製品特長の差別化
4. ディーラーネットワークの差別化
　その他

出所：Porter（1985）邦訳p.59

化、技術面での差別化、製品特長の差別化、顧客サービスの差別化、デーラー網の差別化などの差別化がある。

差別化戦略に成功すると、コストリーダーシップと異なる方法で、業界の平均以上の収益を得ることができるとともに、業界内同業者からの攻撃も回避することができる。差別化のために必要な活動は本来コストが掛かるものであり、大掛かりな基礎研究、製品設計、高品質の素材、徹底した顧客サービスなどがそうである。

(3) 集中化戦略

集中化戦略は、特定の買い手グループ、製品の種類、特定の地域などへ企業の資源を集中する戦略である。集中戦略はそもそも特定のターゲットに対して丁寧に扱う目的で策定され、ターゲットを広くした同業者よりも狭いターゲットに絞ることで、より効果的で効率の良い戦いができるという前提からこの戦略は生まれている。

市場全体をターゲットとするとコストリーダーシップも差別化も達成は出来ないが、特定ターゲットのニーズを満たすことで差別化戦略あるいはコストリーダーシップが可能になる他両方の達成も可能になる。一方で、集中化戦略は市場シェアの大きさという点では欠点を持つ。収益性を取るか売上高を取るかの選択においては売上高を犠牲にせざるを得ない。

5　医療業界における3つの基本戦略

(1)　コストリーダーシップ

労働集約的な医療サービスを提供する医療機関においては、大量生産に伴う単位当たりコストの引き下げに伴う「規模の経済」は働きにくいとされている。また医療機関におけるコストに占める人件費の割合は大きいが、人件費割合の縮小も容易ではない。そのため医療機関におけるコストリーダーシップは、医薬品や医療資材等の大量購入などによる購入単価引き下げによるものが中心となる。

なお、コストリーダーシップでは、コストの引き下げと併せて販売価格の引き下げによる価格競争を導入するケースもあるが、診療報酬価額が公定価格である医療サービスにおいては販売価格引き下げによる価格競争は発生しない。

(2) 差別化戦略

尾形（２０１０）は医療機関の競争戦略としての差別化戦略について、製品差別化、価格差別化、補助的サービス差別化、ブランド差別化の観点から次のように述べている。

サービス（製品）差別化

提供するサービス（製品）本体について独自性を発揮して競合病院と差をつけることであり、競争戦略における最も本質的な部分である。医療機関にとっては、医療サービス本体の中核サービス（コア・サービス）において競合病院が真似のできないサービスを患者に提供することである。具体的には「24時間断らない」医療の提供は大きなサービス差別化に繋がる。

価格差別化

価格差別化は価格競争において競合他社より安い価格設定を行うことであるが、医療保険によって公定価格である医療サービスの大半は価格設定を自由に行うことはできない。わずかに保険外の自由診療である周産期や健康診断・人間ドック、差額ベッド代などが、自由に価格設定ができるに過ぎない。価格差別化が大きくできないことに企業経営と比べた医療機関経営の特徴であると言える。

補助的サービス差別化

提供する製品やコア・サービスそのものではないが、それらに関連する補助的なサービスの提供において独自性を発揮することである。医療機関については、たとえば病室や診療室の環境や雰囲気、内装といったアメニティのあり方、提供される食事の内容と質、外来待ち時間を快適に過ごす工夫、効率的な会計システムなど、さまざまな補助的なサービスのあり方に工夫を加えることで競合病院との差別化を図ることができる。価格差別化の余地の少ないわが国医療機関において、本体サービスを補完する補助的なサービスの位置づけは重要であると言える。

ブランド差別化

商品やサービスの有する無形の超過収益力を表すものであり、医療機関についても何らかの形で名声が確立され、ブランド医療機関とみなされることの効果は大きい。こうしたブランド病院は患者を引き付けるだけでなく、同時にそこで働こうとする優秀な医師や看護師等メディカルスタッフを引き付ける力も有することになる。そのことが実際に提供される医療サービスのさらなる差別化をもたらす。ブランドはうまく機能している場合は、このような好循環をもたらす効果があるといえる。

(3)　集中化

医療機関における集中化戦略は、たとえば眼科、肛門科、整形外科などの単科専門病院化のほか、循環器、消化器などの臓器別診療領域の絞り込み、あるいは回復期リハビリテーションなどの診療機能の特化などをあげることができる。

特定の診療領域に集中することで、その領域の患者が集中して集まると同時に、その領域の診療に係ることを望むメディカルスタッフを集めることで、競争優位性を高め、特定の診療領域における高いシェアを取って収益性を高めることが可能となる。

6　資源ベース・アプローチ

持続的競争優位の差異の源泉を、企業の内部に見る資源ベース・アプローチ（リソースベーストビュー Resource-Based View（ＲＢＶ））は、企業が所有する生産資源は個々の企業によって大幅に異なっており、それらは企業がたとえ同一業界にあっても根本的に異質であることを前提にしている。

資源ベース・アプローチは、「個別企業レベルの模倣障壁」を分析することであり、個別企業の持つ持続的な競争優位を探るものである。

病院経営においても、一般企業同様に内部経営資源や組織能力の違いによる、「個別病院間レベルの模倣障壁」は存在する。個別企業が有する持続的な競争優位は、資源の希少性と模倣の困難性がもたらすものであり、他社が容易に模倣可能なものは、持続的な競争優位の源泉とは言い難い。模倣の困難性は、資源が物理的に複製不可能であること、時間を掛けなければ獲得できない経路依存性

（Path-dependency）があること、因果関係不明であること、独自の歴史的条件があることによってもたらされる。

病院経営における模倣の困難性は、物理的に複製不可能なものとして、病院の立地そのものがある。経路依存性は、診療現場における診療手順、看護手順等が相当する。独自の歴史的条件は、病院開設から今日までの経過年数の違いや、病院設立背景の違いが相当する。

内部経営資源は、病院も一般企業と同様に、人・物・金といった一般的な目に見えるタンジブルな資源のみでなく、目に見えないインタンジブルな資源、技術力やブランド、特殊な専門能力や独特な組織文化も含んでいる。病院経営における内部経営資源は、いわゆる「ヒト」「モノ」「カネ」があり、これらは先行研究で見られる有形資源、無形資源、人的資源等に分類が可能である。

(1)　内部経営資源の分類

企業が所有する内部経営資源を研究者はいくつか具体的にあげたうえで分類している。ここでは内部経営資源を大きく有形資源、無形資源、人的資源の３つに分類したうえでそれらの内容を述べていく。

有形資源

企業内で用いられ企業のバランスシートに記載される資源であり具体的には、流動資産である、財

図表3-7　人的資源

	有形資源	無形資源	人的資源	組織資本
Penrose (1959)	工場、設備、土地、原料、在庫	—	従業員他	—
Barney (1991)	工場、設備	—	マネジャー、従業員の保有する経験・技術	組織構造、管理調整システム
Collis & Montgomery (1998)	不動産、設備、原材料	会社の評判、ブランドネーム、特許・商標、経験・学習	—	—
Grant (2007)	資金、有価証券、工場、設備、土地	技術（特許、著作権、企業秘密）企業文化	従業員の技術、ノウハウ、意見伝達、協働能力、動機	—

出所：筆者作成

務資源の現金、有価証券等と、原材料、固定資産である工場、不動産、生産設備、などが含まれ、併せて、企業の地理的な立地、原材料へのアクセスなど、がある。

無形資源

無形資源は、バランスシートに記載されない資産であり、具体的には、特許や商標、蓄積された学習や経験、技術的知識、特許・著作権、企業秘密、会社の評判、ブランドネーム、企業文化、などがあげられる。

人的資源

従業員の技能、ノウハウ、意思伝達、協働能力、動機、個々のマネージャーや従業員が保有する経験・判断・知性・人間関係・洞察力などがあげられる。

(2) 組織能力について

組織能力（Organizational Capability）とは、企業が持っている経営資源を活用するものであり、経営資源を蓄積・統合・活用して、製品・サービスを生み出す力である。この組織能力は、各々の企業によって異なる企業特有の能力であり、他社が真似しにくいような組織ルーティンの束を指し、組織学習によって構築され、企業間に競争力の差をもたらすものである。そして組織能力は、組織がインプットをアウトプットに変換するために用いるプロセスの組み合わせであり、磨きあげられた組織能力は競争優位の源泉になる。

企業が持っている組織能力には大きく2つの階層が存在している。

一つは、機能別あるいは事業部門別の現場の管理者が責任を負うオペレーションやルーティン等である「オペレーション能力」であり、もう一方は、現場のオペレーション・ルーティーンの組織能力を横断して統合する能力であり、トップマネジメントが行う経営全般に係わる組織能力の「マネジメント能力」である。

病院組織の組織能力の階層レベルは、専門職である医師他のメディカルスタッフが治療・診療の現場において経営資源を活用する「オペレーション能力」と、病院組織において、企画、予算、人事等の経営全般に係わる組織能力を活用する「マネジメント能力」に大きく分けることができる。

図表3－8　コーペティション戦略　企業価値相関図

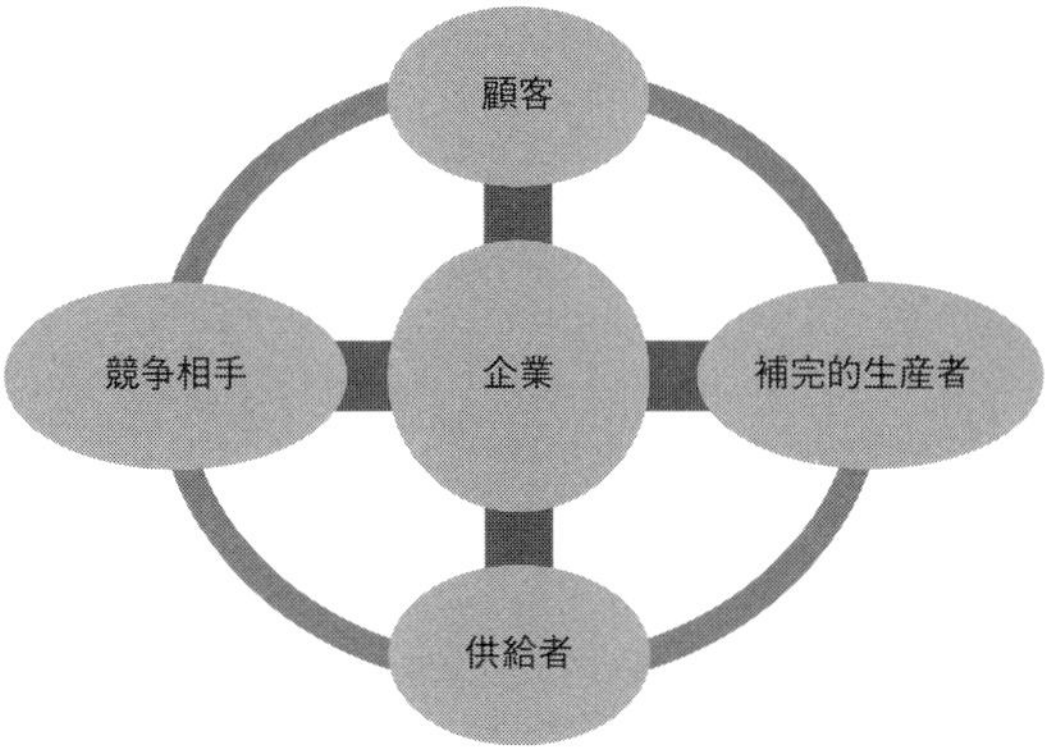

出所：Brandenburger and Nalebuff（1997）p.29

7　競争戦略から協調戦略へ

競争戦略は、特定の業界・産業において、どのように事業展開を図るかという基本方針においてどのように競合他社と競争をするかを模索するものである。5つの競争要因は、企業を取り巻く業界の構造分析によって業界内の競争状況を分析するものであり、それは競争を前提としたものである。しかし、同じ業界にあっては自社の行動によって競合企業も反応することになり、競争ばかりでなく時には協調することも多い。

医療業界にあっては医療連携において患者を紹介する仕組みもあり、地域医療にあっては競争戦略よりも協調戦略の方がなじみ易いと思われる。

ネイルバッフとブランデンバーガー（1997）は、競争と協調を組み合わせたコーペティションを唱えている。このコーペティションでは、自社以外の企業の製品

図表3-9　コーペティション戦略　病院価値相関図

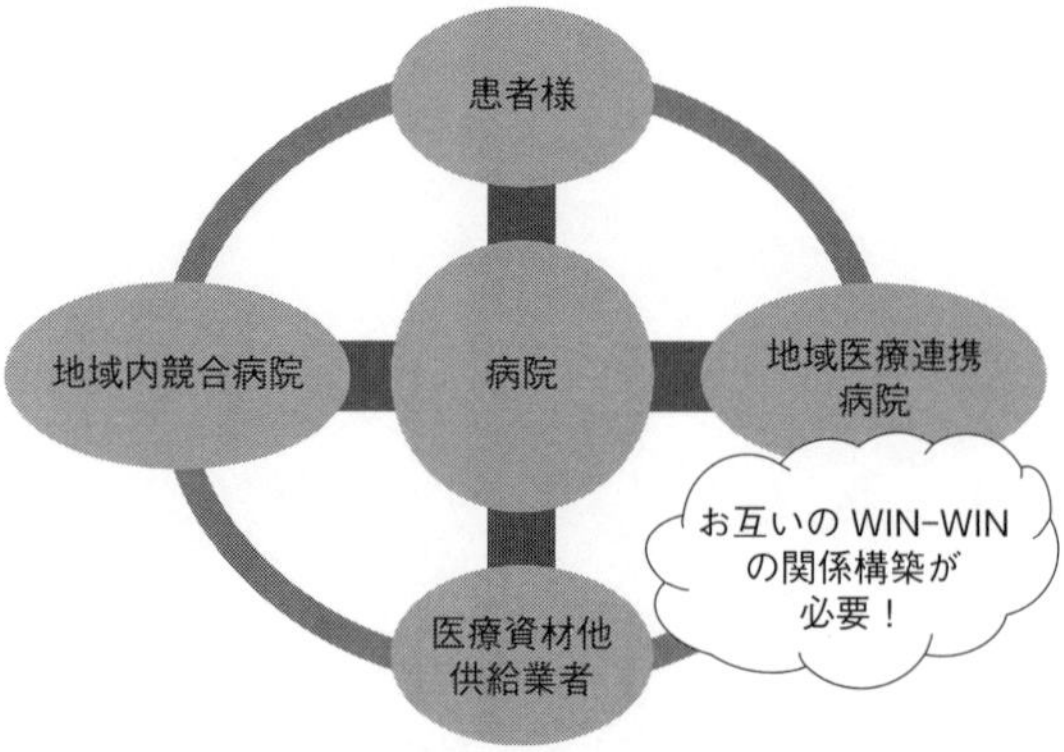

出所：Brandenburger and Nalebuff（1997）p.29に基づき筆者作成

を顧客が所有することで自社製品の価値が増加する企業として補完的企業の存在を唱えて、市場の拡大においては補完的企業と協調した後、市場内のポジション獲得においては競争すると述べている。顧客、競合企業、供給業者、補完的企業をプレーヤーとみなして、お互いに利益を奪い合うのではない協調によって利益を増大することを唱えている。

医療業界においては、前述した地域医療構想における病床機能区分による急性期病院と回復期病院、慢性期病院の関係はお互いに補完的企業であると言える。さらに訪問看護ステーションや介護事業者も補完的企業と言えよう。

そして地域包括ケアシステムに係る医療提供者、介護事業者、生活関連企業、行政の関係もお互いに補完的企業と捉えることができる。

地域包括ケアシステムは、住民が住み慣れた地域で最期まで暮らせる環境整備を目的としており、患者の入院から退院後の在宅での看護や介護まで切れ目のない医療連携が一層重要になっている。医療機関、介護施設や介護事業所は、地域の他医療機関や他施設との日ごろから交流を図って顔の見える関係を築き、患者・介護サービス利用者の情報共有を密にすることが大事になる。

医療介護連携の重要性の意識が高まっているのは病院である。重症患者の受入が厳しく求められる半面で、状態が安定した患者の退院促進の圧力が高まっており、退院に向けた診療所や介護事業所との連携は今や常識となっている。一方で患者の在院日数が短くなることで、より多くの新規患者を確保できなければ病院の病床稼働率低下に直面することになる。そのため、在宅患者との接点が多いケアマネジャーや診療所となじみの関係を築き、急性憎悪した患者を紹介してもる取組が必要になる。

このように病院と介護施設や介護事業所との関係はお互いが補完的プレーヤーであり、お互いの間にはコーペティションの関係が成立する。

8　ダイナミック・ケイパビリティについて

ティース（2007）は、ダイナミック・ケイパビリティとは、企業独自の内部経営資源を継続的に創造・拡張・改良・保護し、価値ある状態に維持するために利用するものであり、機会・脅威を感知し機会を活かす能力と、企業の有形・無形資源を向上し、必要時には再構築することで競争力を維持する能力のことと述べている。つまり経営組織を取り巻く外部環境変化の機会と脅威を読み取り、自組織が保有する内部経営資源を適切に活用することで競争力を向上していく経営能力ということを意味している。

ダイナミック・ケイパビリティは次の３つに分解される。

① 機会・脅威を感知・形成する能力
② 機会を生かす能力
③ 企業の有形・無形資産を向上させ、結合・保護し、必要時には再構築することで、競争力を維持する能力である。

菊澤（２０１７）は、不確実な状況にあっても、必要な利益を獲得するように進化適応的行動しプラスの利益を絶えず追求する能力がダイナミック・ケイパビリティであると述べている。

ヘルファットら（２００７）は、ダイナミック・ケイパビリティには様々なタイプがあり、新規事業への参入、既存事業の拡大、新製品を促すもの、収益性の高い企業の変化成長の主導に責任を持つ経営者の能力を必要とするタイプのほかのタイプのあるとしている。

内部成長、Ｍ＆Ａ、戦略的提携を通じた新規事業参入、既存事業の拡大、新製品・新しい生産プロセスの創造の促進、収益性の高い企業の変化・成長の主導に責任を持つ経営者の能力もダイナミック・ケイパビリティであると述べている。

9　ヘルスケア経営におけるダイナミック・ケイパビリティ

これまで述べてきたようにヘルスケア業界を取り巻く経営環境は大きく変容している。２０２５年問題対応から社会保障制度改革が目指している「病院完結型」から地域全体で治し支える「地域完結型」への移行、川上から川下までのネットワーク化による医療機能分化の進展、地域包括ケアシステムの推進、これらに基づき地域の医療機関の病床機能変換を目指す地域医療構想の策定に向けた一連の動きと併せて、新型コロナウイルス感染症への対応は、医療業界におけるパラダイムシフトと捉えられる。

このような医療機関を取り巻くパラダイムシフトにおいて、ヘルスケア組織は自組織にとって脅威と機会を読み取ったうえで、保持する内部経営資源を向上し活用していくというダイナミック・ケイパビリティを大いに活用する必要があります。このダイナミック・ケイパビリティは、自社組織内に足りない経営資源を組織外部に求めるアライアンスやシナジーにおいても発揮される。保有する内部経営資源の変容と、不足する経営資源を外部組織に求めるという、一連のダイナミック・ケイパビリティを発揮することによって自院の経営戦略を有意な方向性に導くことが可能になるということです。

ダイナミック・ケイパビリティは主として経営組織のトップマネジメントによって発揮される。これはヘルスケア機関の経営組織に置き換えると医療法人の理事長あるいは病院長や診療所長によって発揮される能力と捉えることができる。病院完結型から地域完結型への移行は競争戦略から協調戦略への移行と捉えることができる。地域医療構想において医療機能分化によってお互いの診療機能を補完し合う体制を構築する過程で経営トップによるダイナミック・ケイパビリティが発揮されるものと捉えることができる。

10　両利きの経営

日本経済新聞（２０２０年10月25日）が、経営学の世界で近年最も注目されているキーワードが「両利きの経営」である記載しており、この記事によれば、企業の活動は二つに大別でき、一つが既存事業の「深掘り」であり、もう一つの活動が、新たな事業機会の「探索」であるとしている。

オライリー&タッシュマン（２０１６）は、企業活動における「両利きの経営」を、自社の既存の認知の範囲を超えて遠くに認知を広げる行為の「探索行動（exploration）」と、探索などを通じて試したことから、成功しそうなものを見極めて、深掘りし、磨きこんでいく活動である「深化（exploitation）」という活動がバランスよく高い次元で取られていることであると述べている。そして、成熟事業の成功要因は漸進型の改善と顧客への最新の注意と厳密な実行であり、新興事業の成功要因は、スピード、柔軟性、ミスへの耐性であり、この両方が行える組織能力を「両利きの経営」と呼んでいると述べている。

両利きの経営は、ダイナミック・ケイパビリティの定義である「企業が急速に変化する環境に対応するために、内外のケイパビリティを統合、構築、再構成する能力」をうまく活用出来ている。その結果、成熟事業（既存の強みを有効活用できる分野）と新領域（新しいことをするために既存の資源を使う分野）の両方で競争可能になっている。

一般的に企業は事業が成熟するに伴い「深化」に偏っていく傾向がある。それは組織が目の前の事を優先することと、「探索」にはコストがかかり不確実性が高いので敬遠されがちになることが背景にある。

入山（２０１９）は、「両利きの経営」を次のように述べている。自社の既存の認知の範囲を超えて遠くに認知を広げていこうという行為が「探索」だが、「探索」は成果の不確実性が高くコストが掛かる。一方で探索行動を通じて試したことから成功しそうなものを見極めて、それを深堀して磨きこんでいくこと活動が「深化」である。不確実性の高い「探索」を行いながらも、「深化」によって安定した収益を確保しつつ、バランスを取って二兎を追いながら両者を高いレベルで行うことが「両利きの経営」である。探索行動はどうしても負担が掛かり、不確実性が高いので、組織はどうしても「深化」に偏る傾向が本質的にあり、その結果として、知の「探索」をなおざりにする。このように組織が知の「深化」に偏りやすい傾向をコンピテンシー・トラップと呼んでいる。そして、いま日本企業に求められているものは、知の「探索」を促し、両利きのバランスを取ることである。

このように、「両利きの経営」は、既存事業の拡大である「深化」を行うのと同時に新規事業を「探索」することで、企業経営を持続的に発展していくことである。そして医療機関経営における「両利きの経営」は、既存の診療科の診療機能をより充実する「深化」とともに、新たな診療領域の「探索」を行い、両方の診療機能を充実させていくことを意味している。

なお、「両利きの経営」は、ダイナミック・ケイパビリティの定義である「企業が急速に変化する環境に対応するために、内外のケイパビリティを統合、構築、再構成する能力」をうまく活用出来ていることで、既存事業（既存の強みを有効活用できる分野）と事業（新しいことをするために既存の資源を使う分野）の両方で競争優位性を発揮することを意味している。

医療業界においては、地域医療構想の進展という外部環境の変化を睨んだうえで、保有する内部経営資源の変容という、一連のダイナミック・ケイパビリティを発揮することによって自院の経営戦略を有意な方向性に導くことが必要になる。

(1)　深化としてのイノベーションストリーム

「両利きの経営」の「深化」は既存事業を掘り下げて拡大していくことである。一方、「両利きの経営」の「探索」行動はどのように行っていけばよいのであろうか。これについてイノベーションを行う視点から見ていく。

イノベーションを起こすのは、①新しい技術やビジネスモデルなどの新しい組織能力を身につける必要がある場合、②新しい市場や顧客の組み合わせに対応する場合がある。この観点から企業が競争可能な領域は4つある。

〈領域A〉

既存の組織能力を拡大し、既存市場に対する新製品・サービスを提供する

既存顧客と市場に対して既存組織能力の技術を拡張する。企業が既存の組織能力を拡大し続け、新しい製品・サービスを既存市場に提供する場合であり、基本的に深化にあたる。

〈領域B〉

新しい組織能力を開発し、新しい市場を探索する

新しい組織能力の開発により新しい顧客・市場に製品を売る。スキルを持った人の採用、試行錯誤による学習で新しい組織能力を開発することやライセンス獲得などの必要も生じる。

〈領域C〉

既存市場顧客に対する新製品・サービス提供のための新しい組織能力を探索する

既存顧客向けに、新しい製品・サービスのための組織能力を開発が求められる。既存市場顧客への新製品・サービス提供であり難易度は少し低くなる。

〈領域D〉

既存組織能力を使用し、新しい市場を探索する

既存の組織能力を用いて新しい顧客・市場に対応する場合であり、市場は新しく不確実なため顧客ニーズの把握間違いから予想外の結果になることも多い。

4つの領域のうち、「両利きの経営」の「探索」で最も大変なのは、領域Bの新たな組織能力を開発し新市場を開拓することで、次に領域Cの既存市場顧客に新製品を提供するために新たな組織能力を開発することである。医療機関における「両利きの経営」のイノベーションストリームは、これまでの既存診療領域とは違う診療技術をもってあらたな診療領域に進出することです。例えばこれまで循環器医療を中心であった医療機関が陽子線治療をもってがんに治療に当たることなどがあげられる。

(2) 富士フイルムの事例

富士フイルムは、写真のフィルム事業から大きく事業ドメインを変更している（オライリー&タッシュマン2016）。同社の変革をイノベーションストリームの枠組みから取り上げる。

2001年に同社の世界のフィルム販売シェアは37%であった。2000年時点で同社のフィルム販売は売り上げの6割、利益の7割を占めていた。強力な製造スキルを持ち、X線フィルム、写真現

像、デジタル画像処理などの関連領域にも本業の銀塩フィルムの営業力を活用していた。

一方で、世界のフィルムの売上は2000年をピークに2005年には半減している。この危機に対応するため、同社は化学分野の専門知識を新規市場に活かそうと努力を始めた。なお同業のコダック社は、あくまでも本業の写真事業の研究開発を収益化しようと知的財産権保護に向けて法務キャンペーンを積極に展開した。さらに多角化の取り組みを減らし、画像処理に集中するため化学品事業とカメラ事業を売却している。

同社は、古森重隆CEOの采配下で、同社の技術資源や経営資源を活用できる分野の見極めによって、自社の独自技術を新しい製品・サービスに応用することを重視するビジョンを打ち出している。古森CEOが経営幹部チームに出した3つの課題はイノベーションストリームのフレームワークを網羅していた。

3つの課題は以下である。

① 既存技術で新しい市場に適用できることはないか（領域D）

② 新しい技術で既存市場に適用できることはないか（領域C）

③ 新しい技術で新しい市場に適用できることはないか（領域B）

3つに新領域のそれぞれで本業（領域A）を超えて成長する機会を体系的に見定めることを指示していた。

これを行うためにビジネスモデルを変更する必要があり、次のことを行っている。研究開発を中央に集約し、研究の初期段階と新技術に焦点を置き直した。関連する新しい組織能力を獲得するために積極的にＭ＆Ａに取り組み始めた。従業員から出てきた新規事業案に資金を拠出できるように社内ベンチャーキャピタルのプロセスを用意した。古い組織を14のビジネスユニットに分けて、独自に新たなベンチャーを運営できるようにした。

そして、同社が市場で差別化に利用できる３つの主要技術を突き止めている。それは、液晶ディスプレイや半導体の機能材料、界面化学の専門知識を使った医薬品、コラーゲンや抗酸化技術の専門知識に基づくアンチエイジング・クリームを使った化粧品である。既存の顧客に既存の組織能力を活かす取組みを継続しながら、既存や新規の市場向けに組織能力を伸ばしていこうとした。ナノテクノロジーや界面化学などの既存の組織能力を新しい市場に適用すること（領域Ｄ）、新規市場と既存市場の両方について、Ｍ＆Ａや人材投資を通じて新しい組織能力を開発すること（領域Ｂ、領域Ｃ）にも力を注いだ。

これらの結果は、エレクトロニクス事業（複合機、半導体材料、携帯用レンズ、液晶画面用フィルム）、医薬品事業（アルツハイマー病、エボラ出血熱）、化粧品事業（アンチエイジング・クリーム）、再生医療事業（組織移植）、医療機器事業（医療用画像処理、内視鏡）、フィルム事業というように革新となる組織能力を活用して多様な産業で見事に戦っている。

参考文献

Barney, J. B.（1991）“Firm Resources and Sustained Competitive Advantage,” Journal of Management, Vol.17, pp.99-120.

Barney, J. B.（2002）GANING AND SUSTAINING COMPETITIVE ADVANTAGE, Pearson Education, Inc.

Collis, D. J and C. A. Montgomery.（1998）Coporate Strategy, The McGraw-Hill Companies, inc（根来龍之・蛭田啓・久保亮一（２００４）『資源ベースの経営戦略論』東洋経済新報社）

Helfat et al.（2007）DYNAMIC CAPABILITIES, Blackwell Publishers Limited（谷口和弘・蜂巣旭・川西章弘（２０１０）『ダイナミック・ケイパビリティ』勁草書房）

Montgomery. C. A.（2012）The Strategist Be The Leader your Business Needs, Harper Business（野中香方子（２０１４）『ハーバード戦略教室』文藝春秋）

Nalebuff. B. J & Brandenburger. A. M Co-option, Profile Books（嶋津祐一・東田啓作（１９９７）『コーペティション経営』日本経済新聞社）

Porter, M. E.（1980）COMPETITIVE STRATEGY, The Free Press（土岐坤・中辻萬治・服部照夫（１９８２）『競争の戦略』ダイヤモンド社）

Porter, M. E. and E. O. Teisberg.（2006）Redefining Health Care, Harvard Business Press（山本雄士（２００９）『医療戦略の本質』日経ＢＰ社）

Saloner, G., A. Shepard. and J. Podolny.（2001）STRATEGIC MANAGEMENT, John Wiley & Sons.Inc（石倉洋子（２００２）『経営戦略論』東洋経済新報社）

Teece, D. J.（2007）“Explicating Dynamic Capabilities: The Nature and Microfoundation of（Sustainable）Enterprise Performance,” Strategic Management Journal, Vol.28, No.13, pp.1319-1350.

青島矢一・加藤俊彦（２００３）『競争戦略論』東洋経済新報社

菊澤研宗（２０１７）『ダイナミック・ケイパビリティの経営戦略』中央経済社

羽田明浩（２０２１）『医療経営戦略論』創成社

入山章栄（２０１９）『世界標準の経営理論』ダイヤモンド社

尾形裕也（２０１０）『病院経営戦略論』日本医療企画

（羽田明浩）

第4章　ドラッカー理論からみた医療制度

はじめに

２００８年の夏、上海へ企業視察に行ったときのことである。涼を求めて書店に入ると、中国語訳のドラッカーの本が平積みにされていて、そのまわりに人溜まりができていた。その時の私には、中国でのドラッカー人気がピンとこなかった。そしてその直後、誰も予想しなかった世界金融危機が始まった。中国は直ちに４兆元もの景気対策を実施して、世界経済を助ける形となった。その後の中国の経済成長は周知の通りである。

「黒猫でも白猫でも鼠をとるのが良い猫だ」（鄧小平）という改革開放精神は、アメリカの経営理論という道具を手に入れた。中国では教えない「鼠をとる」すなわち営利のツールは、ドラッカーのマネジメント理論であった。著名な経済学の教科書が述べるように、「アメリカの経済文明を理解するためには、われわれはまず営利企業の組織とその機能のしかたを理解しなければならない」（サムエルソン、１９８６、１０６頁）のであり、その意味で当時の中国企業にとってドラッカーは最良の教科書だったはずである。

ドラッカーもまた、「旧き良き時代」のヨーロッパから大戦期のアメリカ合衆国に渡ってきたフォーリナー（異邦人）である。１９０９年にウィーンで生まれた彼にとって、アメリカ文明は異文化の社会だった。彼はアメリカの企業社会を異邦人の目で観察し、その生産力と組織マネジメントを記述したのである。だからこそ、中国の企業家がアメリカ資本主義を理解するためにはうってつけの理論だったと私は考えている。戦後の日本でドラッカーが愛読されたのも同じ理由からなのだろう。

多くの場合、ドラッカー理論はアメリカ型マネジメントのノウハウまたはツールとして学習されてきた。ドラッカーを批判するときもツールとしての彼の理論を対象としている議論が多い。しかしながら「ノウハウ」というものは、その背景にあるロジックを抜きにしては単なる「形」の模倣である。スポーツでは子供たちがスター選手の模倣をするが、彼らが成長して「二刀流」の野球選手になれるとは思えない。なぜならスター選手の「形」は、自分の体型や戦略から生まれたものであり、いわば背景となるロジックに支えられて出てきたものだからである。この章ではドラッカーの理論的なロジック（ドラッカーの価値前提）を考察して、医療組織について議論したい。

1　ドラッカー理論の価値前提

ドラッカーの組織論＝企業論のロジックをやや図式的に説明すると以下のような特徴がみられる。

①　社会制度（social institution）

ドラッカーのマネジメント論と組織論の基本となるロジックは「社会」という上位概念である。各組織は社会から委託された目的を果たすための手段であり、機能的存在であるとみなされる。企業の目的も「社会」という上位概念から導き出される。病院の目的が病人を健康にして「社会」に戻すことであり、学校の目的が子供に教育をして「社会」に送り出すことであるように、企業にも社会的役割がある。各組織は、各役割をできるだけ効率的に果たすべき制度とみなされる。企業は他の社会制度と分業関係にあり、ともに「社会」を支えている。ただし企業が経済的富を生産することに効率化されるのに対して、病院は営利のために効率的に運営される組織ではなく、医療を目的として機能化される組織であるといった相違があるのは当然である。

②　経営者

企業の機能は「組織的」機能という重要な要素を含んでいる。それは人材の育成、人々に目的と意味を与えること、経営者の育成などのマネジメントの役割である。証券市場の投資家は短期的な利潤最大化を目的として活動する。企業の経営者は利潤最大化を目的とするのではなく、長期的な事業の

図表４－１　社会の中の企業

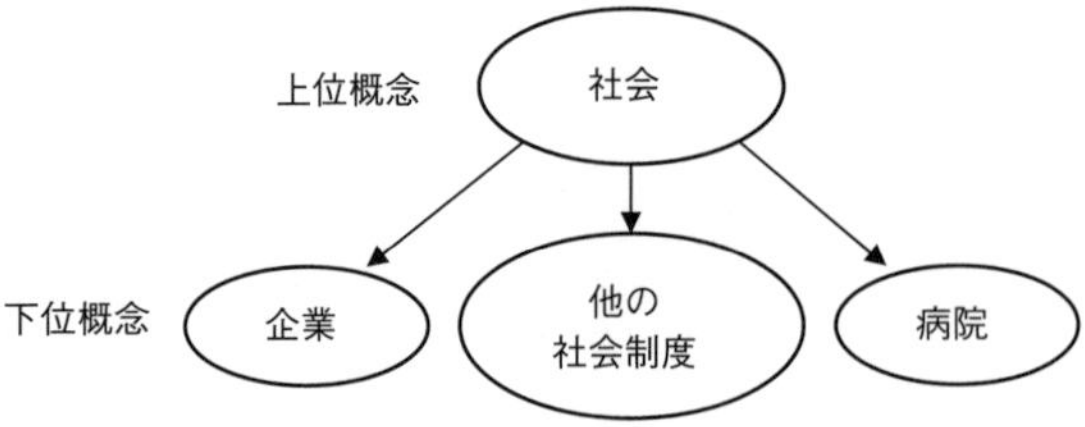

出所：筆者作成

持続的成功を目標とする。医療組織の経営者ないしマネジメント層には、企業とは異なる目的があるが、マネジメント層が組織運営に重要な鍵を握っていることは企業と同様である。

③　マネジメント

組織が「社会」から委託を受けて社会的な目的を果たすための機能的制度であるならば、そのロジックは営利と非営利を問わずあらゆる組織に通用すべきものである。非営利であれ営利組織であれ、その組織目的のために組織メンバーの活動を調整し、メンバーに動機付けを維持するというマネジメントの役割は変わらない。組織経済学では、この２つをコーディネーション・コストとモチベーション・コストと呼んでいる(Milgrom and Roberts, 1992)。

２　社会制度

２００５年にドラッカーが亡くなったとき、ジャーナリズムは彼を「マネジメント理論を創った人」と讃えたが、ドラッカー・インスティテュートによれば、実際にドラッカーの思想の中心にあったのは「機能社会（a functioning society）」を創り出すことだった。私もこの見解に賛成する。

ドラッカーは、１９０９年、弁護士の父と医師の母の間に、父の友人であったシュンペーターやハイエクが来るようなウィーンの上流階級に生まれた。彼は、１９３１年、フランクフルト大学で法学博士を取得し、ナチスの抑圧から逃れてイギリスに渡り、１９３７年、妻とともにニューヨークに逃れた。

ドラッカーの最初の著書『経済人の終焉――新しい全体主義の研究』（The End of Economic Man, 1939）にはナチズムのような政治が社会の「機能」を停止させるとどうなるかが示唆されている。『産業人の未来』（The Future of Industrial Man, 1942）では産業社会が構造的に分析された。この本がきっかけになってドラッカーは、１９４３年秋から1年半の間、ゼネラルモーターズ（ＧＭ）の組織調査を依頼された。その成果は『企業とは何か』（Concept of the Corporation, 1946）として公刊された。『現代の経営』（The Practice of Management, 1954）という最初の本格的なマネジメント書籍には以上のような背景と研究史がある。

『企業とは何か』の１９８３年版「あとがき」でドラッカーが書いているように、１９４６年当時、「産業社会」は未知の存在だった。それは「象の棲息地」とだけ地図上に記されていた中世のアフリカ大陸のような存在だったという。企業の組織を対象として、そのマネジメントについて分析した『企業とは何か』は、政治学でもなければ経済学でもなかった為、当初は過小評価された。ドラッカー自身は、組織が社会の構成要素として効率的に機能するような「機能社会」の実現を考えていたが、１９４６年当時は「組織」をマネジメントすることの意義が認められていなかったのである。

１９８３年版でドラッカーは当時との違いをこう述べている。「今日われわれは組織を当然の存在としている。先進社会は、主な社会的な課題のすべてが、企業、政府機関、病院、学校、軍などの組織によって遂行される社会である」(Drucker, 1946＝上田訳、２００８、２９９頁)。

ドラッカーは、機能社会（functioning society）を活性化させるのは下位概念としての組織であるとみなしている。組織の目的は、組織の内部ではなくその外部にあると彼が繰り返し論じているのはそのためである。ドラッカーはすべての組織に共通する課題として次のことを指摘する。組織はすべて「社会の組織として機能する必要があるということである。それが、今日われわれが社会的責任と呼ぶ問題である」(Drucker, 1946＝上田訳、２００８、２９９頁)。

ドラッカーは現代社会を、半世紀あまりの短期間で成立した「複数の組織体からなる社会」（ドラッカー、１９７３上、25頁）と捉え、次のように定義している。

・財とサービスの生産から、保健、社会保障、福祉、教育、新知識の探求にいたるまで、重要な社会的課題はすべて大きな組織が担う

・組織のみが供給できる財とサービスなしでは、人々は生活する意欲と能力をもたない

・組織が責任ある自律性の下に業績をあげなければ、個人は自己を十分に発揮するチャンスは失われ、個人主義も失われる。組織による完全な規格化がおしつけられて自律性を許されなくなるから

である

・強力で業績をあげる自律的な組織による多元的な社会に取って代わるのは専制だけである。専制は、競争しあう組織体のかわりに唯一絶対のボスを据える

・組織に業績をあげさせるのは経営者とマネジメントである。責任あるマネジメントだけが専制にかわるものであり、それだけが専制に対する唯一の防衛策である

この定義には、機能する多元的社会についてのドラッカーの根本的なコンセプトが読みとれる。専制主義に対する自由主義がドラッカーの思想的な基礎である。自由という価値前提から彼の機能的社会をみると、たくさんの組織が効率よく機能して、それぞれの社会的な任務を果たすことが専制主義を防ぐための方法であると明白に主張している。

以上は主著『マネジメント―課題・責任・実践』（1973）における定義である。この価値観は、1940年代から一貫してぶれることはなくドラッカーのマネジメント理論の通奏低音になった。『経済人の終焉』（1939）から『企業とは何か』（1946）および『現代の経営』（1954）までを初期ドラッカーと呼ぶとすれば、この時代にはとくに自由についての問題意識は著作にあらわれている。この問題意識の延長線上に、1990年代になってドラッカーはコーポレート・ガバナンス論の主張を打ち立てている。ドラッカー批判論には浅薄なものもあって、彼がコンサルタントとしてその時々に流行したテーマに飛びついたと批評する者もあるが、コンサルタントとして活躍したことは事実であり、多くの本や論文を著したこともそのとおりであるから、個人的にそう感じるのはし

かたがないとしても、ドラッカーには社会思想家としての価値観があり、その上でコンサルタント業をしたのであって、実際に初期著作から晩年の著作までの一貫性があることも正しく認識すべきである。

『産業人の未来』（1942）で、彼は19世紀の「商業主義社会」と20世紀の「産業社会」を対比してモデル化した。簡単に言えば第一次世界大戦前における商業主義社会は、権力も財産も社会的威信も、すべてが市場制度に由来した。富は商業を通じて生産され、社会的権力は組織の所有者個人が持っていた。その正当性根拠は財産権であった。それに対して産業社会では、株式会社と大量生産工場が収益力と権力の源泉である。富は製造業（とりわけ大量生産にドラッカーは注目した）によって生み出される。社会的権力を持つのは、もはや企業の所有者ではなく経営者である。「所有と経営の分離」（バーリ＆ミーンズ）によって、産業社会においては、有限責任の所有者＝大衆株主と経営職能によって雇用されている専門経営者（後にチャンドラーは「俸給経営者」と呼んだ）、そして雇用契約によってジョブを得ている従業員（しかもその大多数が大量生産方式における未熟練労働者）から構成される株式会社組織が社会の代表的組織となった。

ドラッカーは、商業主義社会では企業の所有者が経営者であり権力の正当性は根拠があったとみている。所有者が実権を担い、その成果とリスクは財産権を持つ本人が負うからである。ところが産業社会では、財産権の観点から見れば、経営官僚には正統性の根拠がないと言っている。ドラッカー以降、ライト・ミルズなど多くが「ハシゴを登る人々」つまり大企業の経営官僚について、その正当性問題を論じた。この意味で、ドラッカーは産業社会における経営者の権力の正当性を論じた先駆者である。20世紀産業社会においては、大企業の経営者の権力は株式所有に由来しない。「支配と経営の分離」という現実において、経営者の正当性という議論はコーポレート・ガバナンスの重要な観点になった。

「マネジメントの力の根拠は何か。その正当性の根拠は何か。……今日マネジメントは、その歴史上、もっとも重大な攻撃にさらされている」（Drucker, 1990＝上田ほか訳、１９９１、３２９頁）ドラッカーは、１９８０年代のアメリカにおける敵対的企業買収を例にあげて、株式会社やマネジメントの正当性根拠が明確でないため、企業買収と乗っ取り屋がはびこることになり、ゴーイング・コンサーンとしての株式会社は解体させられると警鐘を鳴らした。経営者に社会が託した権力についての議論は、今日、企業統治論として経営学上の重要なテーマとなっている。

3　経営者とマネジメント

組織は、企業であれ医療機関または学校であれ、機能的社会を支えるために社会から託されたそれぞれの組織目的を持っている。組織が効率的に活動することによって、社会は専制主義を逃れ自由を維持することが可能になる。こういうドラッカーの「社会制度」としての組織観とその価値観をみてきた。それでは具体的な実践問題として、誰がどのように組織を担い、責任のある実践者となるのだろうか。これこそがドラッカーのマネジメント論のコアテーマであり、営利企業でも非営利企業でもマネジメントの重要性は変わらない。

その意味で『現代の経営』（１９５４）はドラッカーのマネジメント論を確立した著作である。この本でとくに留意すべき論点は「事業」とは何かについての考察である。「事業」（business）をドラッカーは、社会が存続するために企業、非営利組織、政府機関などの「組織」が各自の目的を遂行する活動と定義している。医療機関もその意味では「事業」を行う「組織」の範疇に含まれるのである。

企業が営む「事業」について、ドラッカーはその財務諸表上にあらわれる活動だけを評価することはまちがいであると述べている。事業とは人間によって創造されるものであり、人間によって経営されるものである。経済的な側面からだけで企業の事業を説明することは誤りであるという趣旨である。ドラッカーは、利潤追求という視点からだけでは企業が営む事業の定義と説明はできないし、最大利潤の追求を事業の目的とみなす経済学理論は妥当性を欠くとも述べている。利潤は事業活動の目的ではなく、それの規定要因にすぎないというのである。「安く買って、高く売る」という投機的な行為を目的とするのは投資家であって経営者ではないと述べたドラッカーの価値観は、前にわれわれが考察してきたような「社会制度としての組織」と多元的な「機能的社会」の自由主義体制から理解できる。また、「商業主義」と「産業主義」の対比からも、「安く買った商品を高く売る」という商業の原理は20世紀の機能する自由な産業社会の原理とは相容れないというドラッカーの主張も理解できるだろう。

ドラッカーの言う意味での「事業」における「組織」マネジメントは、社会から委託された組織課題をゴーイング・コンサーンとして解決し続けることが大切になる。企業であれ医療機関であれ、その重責を担うのが経営者（マネジメント層）なのである。経営者は、短期的な利益を目的としない（はずである）。マネジメント層は、いかにして事業活動におけるリスクを負担し、損失を回避するだけの利潤をあげるかを目標とするのであり、利潤の最大化ではない。経済学的なアプローチとドラッカーの組織論との大きな相違がここにみられる。

経営者は事業の成功のためにマネジメントを担当する者である。素朴に思えるかもしれないが、これがドラッカーの価値前提と理論をつなぐ定義である。そして事業は社会に委託されて、社会の貴重な資源（人材、資本、設備、情報等）を使って投資と回収を繰り返して、企業から医療機関まで各組織の分業が機能した結果、社会が進化する。これが組織が自律的に活動し、結果として統合された社会が進化するという機能的社会の理論前提である。だからこそドラッカーは事業の目的とは何かについて次のように述べた。

「事業が社会の一機関である以上、事業の目的は事業それ自身にあるのではなく、事業をその機関とする社会の中になければならない。かくして事業の目的について正しい定義はただひとつしかない。それは顧客の創造（customer creation）である」（Drucker, 1954＝現代経営研究会訳、１９６５

上、47頁)。

顧客創造論は、その後、マーケティング分野の発展にともない常識化した。1950年当時、世界最大のメーカーだったGMがマーケティングをしなかったわけではない。むしろ膨大な広告費を投じていた。しかしプロダクトアウト（良い製品を作れば自然に売れるというマインドセット）だったGMの経営陣に、ドラッカーは、あなたの仕事は車を作ることではなく、車を買う顧客を増やし続けることだと言いたかったのである。実際、GMのプロダクトアウトの姿勢は、顧客を軽視する傲慢な経営に陥り、1980年代になると日本車に市場シェアを明け渡すことになる。

この文脈からドラッカーは、企業の本質的な活動はマーケティングとイノベーションであると主張した。その後、コトラーがマーケティング活動は単なる広告宣伝ではなく組織全体にかかわる活動であると定義してから、ドラッカーの趣旨が理解されるようになったと私は考えている。この意味で顧客志向のマネジメントは、非営利組織、政府機関などすべての「事業」組織にとっての指針となるはずである。また、イノベーション論についても、『現代の経営』で事業のマネジメントは起業家的（entrepreneurial）でなければならないと述べている（前掲書、65頁）が、これは大企業が官僚主義的な組織体質になって環境に適応できなくなることへの警鐘であった。近年、「イノベーションのジレンマ」や「両利きの経営」論で「深化」と「探索」の問題がイノベーション戦略に焦点を当てている。

4　医療と社会のマネジメント

ドラッカーのマネジメント論を通して医療機関という「組織」と「事業」を考察すると、市民社会が上位概念ないし目的として置かれていて、企業、病院、学校、政府機関などすべての「組織」は、それぞれが営む「事業」主体として同列に機能的に配置されていることがわかる。その代表的な組織が企業であり、産業社会で富を生産する主な役割を担っている。企業も医療も、組織と経営者によるマネジメントが不可欠であることは変わりがない。経営者は、20世紀の新しい機能的社会のなかで次のような文明論的な役割を担っている。

「西欧文明が存続するかぎり、経営者は、社会の基本的・支配的な機関としての働きをつづけるであろう。なぜならば、経営者は現在の産業社会の必然的な産物であり、現代の産業社会がその人的・物的生産資源を託している個々の企業にとって必要不可欠なものであるからである」（Drucker, 1954＝現代経営研究会訳、１９６５上、３頁）。

チャンドラーも専門経営者に同様の重責を担わせたが、その背景には１９５０年代から60年代にかけてのアメリカ産業社会の歴史があった。当時のアメリカ産業界には「家族としての企業」像が存在した。「家族としての企業」像とは、雇用主と従業員が長期的に補完関係にあるという共通認識のことである（オスターマン、２００３）。この共通認識は、企業を外部労働市場とは分離された、安定

図表４－２　A family day, IBM, 1952

出所：http://www-03.ibm.com/ibm/history/exhibits/endicott/endicott_PH11.html

的な組織として規範化し、アメリカ社会の戦後民主主義における雇用システムの核心となった。この「家族としての企業」イメージには２つの重要な特徴があった。

　第一に、従業員は「オーガニゼーション・マン」として企業に強い帰属意識をもち、自らのキャリアを企業内部で形成するという規範意識ないし社会的ルールが成立した。第二に、そういう従業員に対して、企業は賃金以外にも義務を負うという規範ないし社会的ルールが成立した（オスターマン、２００３、29頁）。

　写真（図表４－２）は当時のＩＢＭ社の社員家族体育会の様子である。あたかも日本的経営モデルの終身雇用と企業忠誠心を思い起こさせる写真である。企業が労働力を内部に囲い込む内部労働市場では、従業

図表４-３　ドラッカー企業論と社会

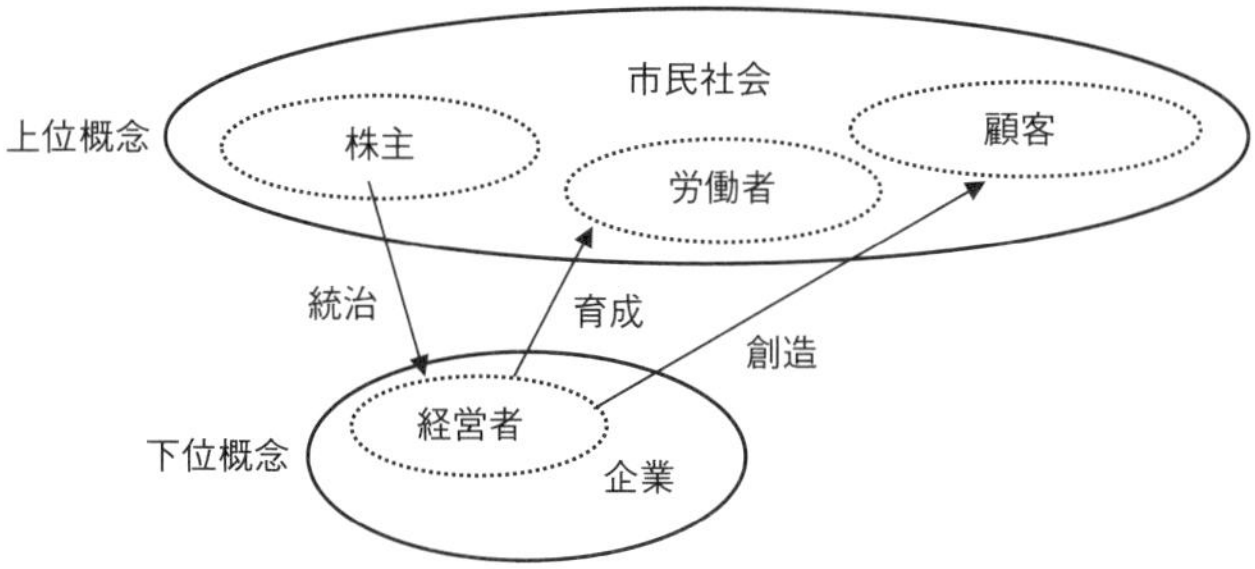

出所：筆者作成

員のキャリアを同一組織のもとで形成する長期雇用が前提となる。これは従業員、企業双方にとって安定性ならびに計算可能性というメリットがあった。従業員は雇用の安定性から、経済的メリットだけでなく社会的信用も享受した。長期的な視点から子供の教育プランや住宅取得などに資金の長期配分を行うことができた。また企業は、内部化した人材を前提にして長期的な経営計画を立てることが可能になった。その結果、イノベーション能力を高め、事業の大規模化および多角化を実現した。こうして大量生産システムと大規模な官僚制組織を持った企業は規模と範囲の経済を享受した。以上のように、この終身雇用型の階層制大企業は戦後アメリカの長期的な経済成長の制度的要因となった。

　こうした１９５０年代の背景をふまえて、改めてドラッカーのマネジメント論を整理すると、図表４-３のような価値的な構造がドラッカーのマネジメント論の前提であることがわかる。ここでは、市民社会という基盤があり、その市民が株を持てば株主となり、企業に勤務すれば従業員となり、また買い物をすれば顧客であった。企業の経営管理とは、市民社会という目標のための機能的手段を意味した。だからこそ、ドラッカーは、組織目標は内部ではなく外部にある、と同じ文脈で述べ、顧客創造論を主張したのである。

ドラッカーの主張は株主価値を強調するマネジメント理論から見ると独特だが、近年の商法理論からみると異端とも言えない。上村教授（商法）によれば、欧米の市民社会では、会社はミッションを最大限に実現することを目的として活動するのだという暗黙の了解があり、「その価値の実現を理解できるのは、その価値の受け手である生身の人間たちだけです。職場は、企業価値を生み出す組織にあってミッション実現に邁進する従業員という生身の人間にとっての生計の場でもある、という発想が前提です」（上村・金児、２００７、22頁）という。

この視点はドラッカーのマネジメント論、経営者の役割論からみて重要な指摘である。上村教授からの引用を続けよう。

「主権者である市民が、会社に行けば労働者、株を買えば投資家、買い物をすれば消費者、日曜日に子供と野球をしていれば地域住民になるのです。主権者が株を買っている状況を株主主権というのであって、法人でもファンドでもなんでも、カネを集めて株を買えば主権者になれるというわけではないのです」（同、23頁）。

この指摘が示すように、単純な意味で「株主主権」を理解することほど自由で多元的な機能的社会にとって危険なことはない。ドラッカーは正当性問題として経営権力の問題を提起したが、単純な「株主主権」論はまさに正当化が問われるだろう。

「これに対して、現在、とくに日本で流行の株主主権論が想定する人間像は国籍不明のコスモポリタン的な投資家です。……お金さえもっていれば、借金する力さえあれば株主になることができるので、株主主権論はあっという間にカネ主権論に転化してしまう危険性があるのです。…一切の企業にとって固有の目的やミッションなどどうでもよく、株主である自分に一円でも多くの配当をし、株価を一円でも高くすることが企業価値の実現であり、会社の使命ということになりますから、結局のところ"俺にカネをよこせ"という話になるのです」(同、22頁)。

ここで明確にされたことは、われわれが生きている社会と企業および株主との合理的な関係であり、コーポレート・ガバナンスの指針である。同様の議論をドラッカーも次のように述べている。「大企業の経営管理陣は、今日では、利害関係者間における『最も均衡ある利益』を実現すべき者とはされていない。『株主の利益のみ』を最大化すべき者とされている。しかし、そのような定義も機能するはずはない。それでは企業は、短期的視点からのみマネジメントされるようになる。(中略）1930年代の『専門経営者』は、短期長期双方の均衡ある成果、および企業活動に各様のかかわりをもつ多様な利害関係者間における『最も均衡ある利益』の実現をはかりつつ経営管理する者とされた。実は、この認識が正しいものだった」(Drucker, 1993＝上田ほか訳、1993、147～148頁)。

株式会社ないし営利企業については、ドラッカー理論が妥当するとしても、はたして医療分野でも組織と社会は同じことが言えるのだろうかという疑問が残る。営利企業と医療介護組織は、ドラッカー理論では同じ社会的制度としてマネジメントの対象となる。どちらも市民社会の存続のために存在する機能集団である。

しかし医療経済学が指摘しているように、両者には大きな違いがある。まず、医療には一般財と異なる性質があることが知られている。また医療サービスの特徴は、⑴貯蔵できない、⑵不確実性、⑶情報の非対称性、⑷外部性をもつことにある（橋本・泉田、２０１６、８頁）。

サービスは貯蔵できず、生産と消費が同時に行われる。医療サービスでは「人出」の確保が重要になり、しかも医療専門職から専門科別に高度の知識とスキルを蓄積している専門医が必要になる。この点が一般的なサービス経済と異なる。また、医療サービスは「商品ラインが多い」（前掲書、９頁）こともその特徴である。外科的サービスという範疇には、脳外科、心臓血管外科、消化器外科などに専門が細分化されており、すべてを兼ねた医師はまずいないし、それぞれ必要となる機材、人材、手術室の要件も異なる。この点、経済学は「医療サービス」という大きな概念で分析しているが医師の視点からみるとこれは問題である（前掲書）。経営学では、ドラッカーが病院という社会制度は、市民を「健康」に戻して社会に返す組織であると定義したが、現在の医療経済学では「健康」について詳細な議論がある。

不確実性とは「起こるか起こらないかについての情報が欠如している状態」（前掲書、10頁）であり、起こる確率が分かっている「リスク」とは異なる。患者（医療サービスの消費者）個人にとっては、病気になるかどうかは不確実である。しかし医療供給者は疫学統計的に病気になる確率と治療効果を「リスク」化する。ただし同じ治療介入を行ってもそのアウトカムは患者個人ごとに異なるという不確実性が存在する（前掲書）。

情報の非対称性とは、専門家である医師と非専門家である患者の間に医療サービスの内容について情報の量と深さに差があることを指している。患者は発熱や痛みによって「病い」を自覚する。医療専門家は診断基準に基づいて客観的・病理的な「疾病」の存在を定義し介入する。たとえば「めまい」がするとしてもその原因は患者にはわからないが、医師には診察の結果、適切な治療介入を行う情報とスキルがある（前掲書、12頁）。ここから医師・患者関係モデルが決まってくる。伝統的に医療サービスでは、専門家が素人の利害を代弁して「患者に最も良い治療選択」（前掲書）を行うことが常識だった。今日では、患者が「意思決定の主体」すなわちプリンシパルであり、医師はエージェントとして患者の決定を助けるという「共同意思決定モデル」（前掲書）が中心になっている。

最後に、医療サービスの外部性についてはワクチンを思い出せばその意味は明らかであろう。特定の患者にワクチンを接種することで、その周囲の人々も感染を予防することができる。そういう正の外部性がある。反対が負の外部性である。

このような特徴を持つ医療市場は、完全競争市場を前提とする一般的な市場メカニズムは機能しにくい。とりわけ医師の圧倒的な情報優位が存在する固有の情報の非対称性は、この市場の不完全性をもたらす要因である（前掲書、175頁：井伊・五十嵐・中村、2019）。特に日本人はヘルスリテラシーが国際的にも低い。日本人の多くはインターネットや雑誌や口コミなどの情報源に頼る傾向

図表４－４　ドラッカーの医療組織論

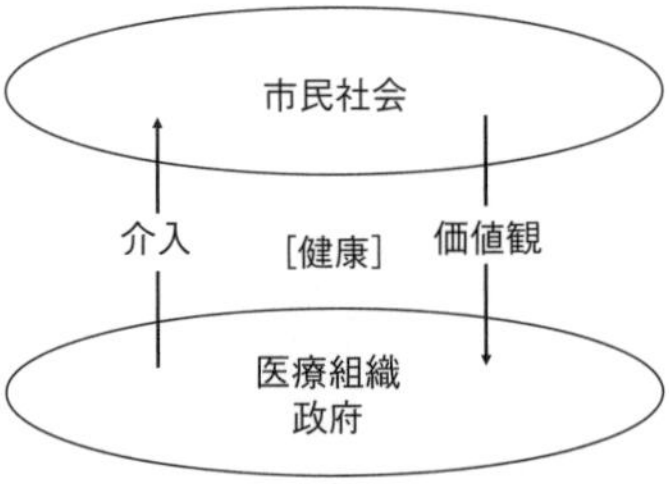

出所：筆者作成

があり、メディアも国民の関心を利用して不安をかきたてることが少なくないと指摘されている（井伊・五十嵐・中村、２０１９、27頁）。医療サービス市場の不完全性はたとえば医師誘発需要をもたらす。医療は公共性の高い分野であり、市場メカニズムに代わり政府による価格付けがなされる。英国のように、国が費用対効果分析に基づいて医療と健康情報の提供を行っているのが典型例である（井伊・五十嵐・中村、２０１９）。ただし「市場の失敗」だけでなく「政府の失敗」もあり、診療報酬とコストの乖離や医療技術の評価の困難性が指摘されている（橋本・泉田、２０１６、１７７頁）。

　このような医療サービス市場の特性を踏まえると、ドラッカーのいう社会的制度としての医療機関は健康という資本（健康資本）の投資と蓄積をめぐって、市民社会との複雑なやりとりを行っていることになる。それを最適化しようとするのが医療機関と政府・行政機関におけるマネジメントと言える（図表４－４参照）。

　この点、ドラッカーの理論は一貫している。後年の『ポスト資本主義社会』でも次のように論じている（Drucker, 1993＝上田ほか訳、１９９３、１０７頁）。

・社会（コミュニティ）は自己完結的で自らのために存在する。
・組織の成果は組織の外部にある。（社会的制度としての組織）
したがって「病院の成果は、治癒して帰宅する患者である（そして二度と病院に来ないですむ患者である）」（前掲書、107頁）。

しかしながら、ドラッカーの理論は今日では政策上の重要な論点となっている。図表4－4に示した社会と医療を結ぶ［健康］に関する価値観が、政策的なイシューとなった。一言でいえば価値観の多様化である。『新医療経済学』（井伊他、2019）は、公的医療制度を持つ多くの民主主義国家では「最大多数の最大幸福、つまり特定のグループではなく国民全体の健康の最大化が重要な目標となる」（175頁）と述べ、「費用対効果」をベースとした医療資源の効率配分がそのための手段のひとつであるという。

「最大多数の最大幸福」という功利主義の原理を公的医療制度の根本に据えるとしても、実際の問題は、個人の健康に関する価値観（健康意識）には、それぞれの国や地域によって、また世代や文化慣習によっても異なる多様性があるということである。たとえば地域差が問題になるのは、近年、生活習慣病が多くの国で増加しているからである。高血圧、糖尿病などは国民の生活習慣によってもたらされるものであり、まさに市民社会の基礎にある日常生活が健康を損なう原因として問われている。日本では死因に占める55・7％が生活習慣病である（橋本・泉田、2019、184頁）。つまり合理的な判断をする市民は、健康を損なう生活を選択し、その結果病気になっているのである。社会が合理的に選択した結果なのだから政府はコストを払って介入（治療やナッジ）する正当性はないという議論が成り立つ。

行動経済学は、個人の行動を決めるのは理性的な思考システムだけではなく短絡的な思考システムでもあると論じている（大竹・平井、２０１８；井伊ほか、２０１９）。ドラッカーとの関連で興味深いのは、行動経済学の社会的選好（social preferences）の概念である。伝統的な経済学は、自分だけの金銭的利得を選好する利己的個人を想定して事象を分析するが、行動経済学は自分だけでなく他者の利害にも関心を持つ選好をする個人を想定する。すなわち、利他性、互恵性、不平等回避などの行動原理を理論の前提とするのである（大竹・平井、２０１８）。これはドラッカーの「社会」概念に一歩近づいた議論となる。

経営学ではH・A・サイモンの限定合理性（bounded rationality）の理論があり、組織論や戦略論のベースとなってきた。全知全能の存在は神であり、人間は神ではない、主観的には完全合理的に思考していると思うが、情報収集や計算能力において人間は限定的でしかないという趣旨である。そうであれば人間の取引行動は、相手を欺いたり契約を十分に履行しなかったりという機会主義的行動になる。そうである以上は、相手からの情報もそのまま信じるわけにはいかないだろう。「健康」についての実践も、人間が限定合理的であるがゆえに取引コストがかかる。

例えば、ある社会でナラティブとして通用している「健康」要件は、新しい医学の知識から見ると不健康であるかもしれない。その場合、経路依存的に決まっている「健康」要件を廃止して新しい要件に変更するためには社会に膨大な取引コスト（対立、緊張、証拠を示して反対論者を説得するための労力と金銭的コスト）を覚悟しなければならないであろう。「旧式の医療は迷信であり慣習に過ぎない」という集団と「新しい医学は長期的にみれば間違っている。50年後にそれは証明されるだろう」という集団の社会的コンフリクトは新型コロナ・ワクチンなどに関してもみられる。

以上考察してきたように、人間が社会的選好を持っていたとしても限定合理的であるかぎりは「社会」がどのような「健康」を資本として蓄積すべきなのかは解決されないままである。医療と社会に関するドラッカーの理論は、この点において構造的な脆弱性を有している。ただしドラッカーの評価については意見が割れるだろう。今日の理論からみてそれはもう古いのか、それとも半世紀も前の社会環境で今日でも議論されているような「組織と社会の関係性」や「マネジメントの役割」について問題を提起したことの先見性を評価するのか、ということである。われわれが後者であることは付記しておきたい。

参考文献

Drucker, P. F.（1939）. *The End of Economic Man*, Harper & Brothers Publishers.
Drucker, P. F.（1942）. *The Future of Industrial Man*, Harper & Brothers Publishers.
Drucker, P. F.（1946 [1964, 1983, 1993]）. *Concept of Corporation*, John Day Company.（上田惇生訳『企業とは何か』ダイヤモンド社、２００８）
Drucker, P. F.（1950）. *The New Society: The Anatomy of the Industrial Order*, Harper & Brothers Publishers.
Drucker, P. F.（1954）. *The Practice of Management*, Harper & Brothers Publishers.（現代経営研究会訳『現代の経営』上下、ダイヤモンド社、１９６５［１９８７］）

Drucker, P. F. (1973). *Management: Tasks, Responsibilities, Practices*, New York: Harper & Row.（野田一夫・村上恒男監訳『マネジメント―課題・責任・実践』上下、ダイヤモンド社、１９９３）

Drucker, P. F. (1985). *Innovation and Entrepreneurship*, New York: Harper & Row.（小林宏治監訳『イノベーションと企業家精神』ダイヤモンド社、１９８５）

Drucker, P. F. (1989). *The New Realities*, New York: Harper & Row.（上田惇生・佐々木実智男訳『新しい現実』ダイヤモンド社、１９８９）

Drucker, P. F. (1990). *Managing the Nonprofit Organization: Practices and Principles*, New York: Harper Collins.（上田惇生・田代正美訳『非営利組織の経営』ダイヤモンド社、１９９１）

Drucker, P. F. (1993). *Post-Capitalist Society*, New York: Harper Collins.（上田惇生・佐々木実智男・田代正美訳『ポスト資本主義社会』ダイヤモンド社、１９９３）

Milgrom, P. and Roberts, J. (1992), *Economics, Organization and Management*, Englewood Cliffs, NJ: Prentice Hall（奥野正寛他訳『組織の経済学』ＮＴＴ出版、１９９７）

Suzuki, Shuichi, Sasaki, H., and Davis, S. (2021). Corporate Social Responsibility in Japan: Responsible Business in a changing Japan. In Idowu, S. O., ed., *Current Global Practices of Corporate Social Responsibility*, Springer, 745-775.

Thaler, R. H. and Sunstein, C. R. (2008). *Nudge: Improving Decisions about Health, Wealth, and Happiness*, Yale University Press.（遠藤真美訳『実践行動経済学』日経ＢＰ社、２００９）

橋本英樹・泉田信行編（２０１６）『医療経済学講義［増補版］』東京大学出版会

井伊雅子・五十嵐中・中村良太（２０１９）『新医療経済学』日本評論社

加護野忠男他（２０１０）『コーポレート・ガバナンスの経営学』有斐閣

大竹文雄・平井啓編（２０１８）『医療現場の行動経済学―すれ違う医者と患者』東洋経済新報社

オスターマン、Ｐ（２００３）『アメリカ・新たな繁栄へのシナリオ』伊藤健市・佐藤健司・田中和雄・橋場俊展訳、ミネルヴァ書房

サムエルソン、Ｐ・Ａ（１９８６）『経済学（第11版）』都留重人訳、岩波書店

鈴木秀一（２００３）『入門経営組織』新世社

鈴木秀一編著（２００６）『企業組織とグローバル化』世界思想社

鈴木秀一・細萱伸子・出見世信之・水村典弘（２０１７）『経営のルネサンス：グローバリズムからポストグローバリズムへ』文眞堂
清家篤（２０１３）『雇用再生―持続可能な働き方を考える』ＮＨＫ出版
清家篤・風神佐和子（２０２０）『労働経済』東洋経済新報社
上村達男（２００２）『会社法改革』岩波書店
上村達男（２０２１）『会社法は誰のためにあるのか―人間復興の会社法理』岩波書店
上村達男・金児昭（２００７）『株式会社はどこへ行くのか』日経新聞社
Drucker Institute. (https://www.drucker.institute/perspective/about-peter-drucker/) ２０２１年11月3日閲覧

（鈴木秀一）

コラム1：デジタル化を阻むもの

デジタル化は、何もしなくてもスムースに進展するわけではない。ここでは、デジタル化を阻む要因を考えてみたい。

デジタル化が企業や社会で価値を持つためには、解決すべき課題が認識され、その解決に技術を使おうとする人が存在すること、技術を受け入れるための環境が整うことの2つが必要である。後者の環境整備は、社会全体に関わる場合、社会実装と呼ぶことが多くなっている。

まず、前者に関連して、技術導入の先行事例である電力の歴史を見てみよう。電化が始まった当初の米国では、工場の多くは中心となる駆動軸にすべての装置をつなげる構造をとっていた。これは蒸気機関や水力を動力源としていた頃のレイアウトを継承したもので、折角モーターを導入しても生産性が思うように向上しなかった。それが、電化から30年ほど経過し技師の世代交代が進むと、モーターを分散して最適な生産ラインに装置を配置するようになり、生産性が一気に向上するようになったというのである。[1]

ここからどのようなことが言えるだろうか。装置を駆動軸に沿って並べなければならないという課題は、モーターによって変えることができなければ所与の前提であり、課題とは認識できない。それゆえ課題と技術はコインの表裏と言えるだろう。そして、装置の配置替えは、旧来の前提の中で育った人間では発想し、実行に移すのが難しい。

デジタル技術についても、同様のことがいえるだろう。加えて、技術変化のスピードが速く、競争の激しい現代では、発想の転換がさらに困難になっている。ラジオが発明されてから世界中で５０００万台が使われるようになるまで38年、テレビが13年。これに対してインターネットが５０００万人のユーザーを獲得するまでが3年だったのである。[2]世代交代を待って発想の転換をすることは許されない。

スタートアップ企業では、経営者とＩＴ技術者が一緒になって創業する例が多い。大手企業でもＣＴＯ（Chief Technology Officer）やＣＤＯ（Chief Digital Officer）というＩＴやデジタル技術に精通した役員が経営に加わるようになっている。そうしてビジネス課題とそれを解決する技術を近接させているのである。また、アイデアを速やかに製品化し、マーケットで顧客の反応を計測しながら方針転換を繰り返すという考え方も広まってきている。[3]これらは発想の限界を打ち破るための工夫といえるだろう。

次に、社会実装について見てみよう。デジタル技術が導入される業務では、既存の事業者が存在し、法律を始めとする一定のルールの下で業務を行っている。デジタル技術により、フィジカル空間のルールに縛られない新たな方法を取ろうとすれば、既存ルールとのギャップが生じることになる。社会で受容されるには、既存のルールと調整を図っていくことが必要になる[4]。

また、デジタル技術で新たに必要となるルールもあるだろう。例えば、サイバー空間では物理的な実態が存在しないため、個人を認識するにはデジタルアイデンティティが重要になる[5]。そして、デジタルアイデンティティを管理するためには、その為のルールや仕組みを整えなければならない。サイバー空間という新しい活動の場を成り立たせるためには、全体を見通して新たな制度設計を行うこと、そのための構想力が必要になるのである。

では、日本の医療はどのよう状況だろうか。日本でも、デジタルヘルスを事業とする医療ベンチャーが活動開始しており、その中には医師が創業した企業も存在する[6]。そのような企業がデジタルヘルスの可能性を切り拓いていくことが期待される。社会実装については、規制の緩和など他国に比べると見直しのスピードが速いとは言えない。さらに課題なのは、制度設計だろう。医療情報に統一的にアクセスするためのデジタルアイデンティティ（医療等ＩＤ）の整備や広域医療圏単位で診療情報を共有するためのプラットフォーム機能の整備は今後のデジタルヘルスを進める上で極めて重要である。

デジタル化を阻む壁を下げていくには、組織や社会の課題に対する感性と技術への関心、そして変化への柔軟性が必要である。そして、何より、自分が経験したことのないことに挑戦していくリーダーシップと構想力が求められているのである。

（平鹿一久）

［注］

（１）デビッド・ロジャース（２０２１）『ＤＸ戦略立案書』（笠原英一訳）、白桃書房、３頁

（２）ユルゲン・メフェルト、野中賢治（２０１８）『デジタルの未来』、日本経済新聞出版社、42頁
（３）エリック・リース（２０１２）『リーン・スタートアップ』（井口耕二訳）、日経ＢＰ社、18頁
（４）馬田隆明（２０２１）『未来を実装する』、英治出版、24頁
（５）崎村夏彦（２０２１）『デジタルアイデンティティ』、日経ＢＰ社、15頁、54頁
（６）加藤浩晃（２０１８）『医療４・０』、日経メディカル

第5章　イノベーション戦略論と医療改革

はじめに

近年、医療に関する経済学的研究の発展は著しい（Zweifel, 2012; Glied and Smith, 2013）。例えば健康を金融資産のように「健康資本」として捉える健康資本モデル（health capital model）は、医療経済学の代表的なフレームワークのひとつである（Grossman, 1972）。医療を費用と便益の視点から分析する経済学的アプローチが、政策介入や医療システムに有意義な提案をしている（橋本・泉田、２０１６；井伊・五十嵐・中村、２０１９；小塩、２０２１）。

医療の経営戦略論も多様な戦略論的視点から医療を論じている。その中心軸は、経済学における「成果払い」（pay-for-performance in health care）分析と共通するところがある「価値ベースのヘルスケア」（value-based healthcare）の議論である（Porter and Lee, 2013; Mkanta et al., 2016）。例えばマイケル・ポーターとティスバーグ（Porter and Teisberg, 2006）は、医療における競争の固有性を問題にした。彼らによれば、一般市場では競争が機能することによって品質が上がって価格が下がり、イノベーションが起こって新たな技術が急速に普及する。しかし医療では競争は機能不全に陥っている、という。ポーターらは医療を改革するために、患者にとっての医療の価値を向上させるような競争を医療市場に起こすことを提案した。すなわち、コスト１ドル当たりの健康上のアウトカムの向上にフォーカスした競争である（Porter and Teisberg, 2006; Porter, 2010）。この点で医療戦略論は、医療経済学と共通の価値観をもっていると言えるだろう。

こういう医療戦略論の視点からみると、医療におけるイノベーション戦略が重要になる。そこで本章はクリステンセンのイノベーション理論に焦点を当てる。クレイトン・クリステンセンはイノベーション戦略論に最も影響を与えた経営学者の一人である。彼は、１９９５年にハーバード大学の同僚ジョセフ・バウアーと「破壊的技術」（『ハーバード・ビジネス・レビュー』誌）を発表、そして一時はバイブル的存在となった『イノベーションのジレンマ』（１９９７年）を書いた。彼のイノベーション理論が影響力をもった要因はその応用範囲の広さにもあった。ハードディスク・ドライブ、大学、医療サービスまで彼の影響は及んでいる。「デジタル・ディスラプター」という言葉も広く使われているが、この「デジタル化による破壊者」の語源はクリステンセンの戦略論であろう。この章では医療分野を軸に「破壊」について考察する。

さて、医療の経済学は、医療サービスの特徴を次のように定義している。

(1)　情報の非対称性が非常に大きい。医療の供給者と患者の間には、金融商品などとは比較にならない情報の非対称性が存在する。その典型例が近年の新型コロナワクチンに関するデマ情報の拡大であろう。そもそも医療では、金融商品とは異なり、患者（消費者）は医者（供給者）からどれほど丁寧な説明を受けたところで、自分で正しい治療を選択することは非常に困難である。その結果、「パターナリズム（家父長主義原理）」つまり「〝よらしむべき、知らしむべからず〟という話がいままで正当化されてきた」（真野、２００６、20頁）という弊害がもたらされた。真野（２００６）も「だからといって情報を示さなくていいということにはならない」と続けて書いている。近年、注目されているデジタル化は、医療における情報の非対称性を解決する技術といわれている。

(2)　医療は公共性が高いサービスである。英国、スウェーデンなどは医療制度をすべて税金で運営しており、日本でも一般財源で賄われている。納税者目線の公的医療においては医療制度の目標は国民全体の健康を対象とするものであり、特定の社会層や個人ではなく国民レベルの「社会的合意」（井伊・五十嵐・中村、２０１９）を前提とする。

(3)　医療ではイノベーションにおける不確実性が大きく、政策的なグランドデザインが不可欠である。米国で医療イノベーションが進展したのは、いわゆるオバマケア（医療保険制度改革法、２０１０年発効）により「よりよい医療、よりよい健康、より安いコストが3つの目的とされ、医療提供が量から質への変化を求められ」（真野、２０１７、35頁）た成果である。医療戦略論が論じている出来高払い（fee for service）からアウトカム志向へのシフトもその具体例である。ヘルスケア産業に関して「破壊」という言葉を援用したのは、アクセンチュア（Elton and

図表５－１　患者・医師・行政の相互不信

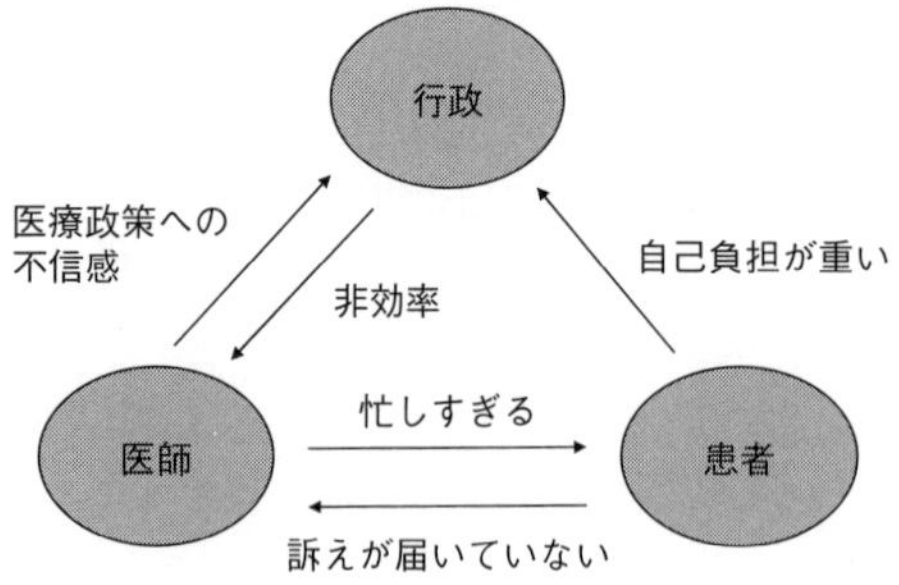

出所：渡辺（2019）、30頁

O'Riordan, 2016）が書いた『Healthcare Disrupted』である。この本はデジタル化が欧米の医療システムを「破壊」する可能性について具体例を示して描いている。クリステンセンもアクセンチュアも欧米の総合病院やヘルスケア産業を分析したのであって、日本の医療について直接的に述べているわけではないが、新型コロナ禍によって組織のデジタル化が政策課題として浮かびあがったことは、日本の医療にも妥当する。

図表５－１には、日本の医療システムの課題が示されている。医療に限らずデジタル化の前提条件は信頼構築（trust building）にある（鈴木・斎藤、２００６）。人々に信頼感を与える基本は制度設計である。診療報酬の制度をみると、渡辺（２０１９）によれば「出来高払いとは、医療処置や薬代、検査など項目ごとに単価が決められていて、実際に行った処置、投薬、検査などの請求額を積み上げていく仕組み」（渡辺、２０１９、40頁）であり、医療機関にとって処置や検査を増やすほど収入は増える。日本の外来での医療費はほとんどが出来高払いであるが、２００３年からＤＰＣ（包括払い）制度も導入された。包括払いとは「病

名が確定すると、医療機関がその患者及び保険者に対して請求できる医療費総額が確定」（前掲書、40頁）する方式で、処置や検査に無関係に医療費が決まる。近年では、2018年に施行された「次世代医療基盤法」は日本医療のデジタル化推進をめざすものである（池田、2017）。

しかしながら、日本はネット医療の普及率等で欧米の後塵を拝している。日本経済新聞電子版（2021年10月24日）によると、日本では遠隔診療ができる医療機関は約15%という「心もとない」（日経新聞）実態がある。そのほとんどが電話のみでありインターネット診療は事実上行っていない病院も多いという。欧米を見るとコロナ禍でネット診療の規制緩和が進み、米国では患者数ベースでコロナ前の2割から6割に普及増となった。同様に英国では、2割から7割に、フランスでも2割から5割にネット診療が増大した。日本では（病院数ベースで）コロナ前の5%からコロナ禍の15%に増えたが、ようやく欧米のコロナ前の水準である。この遅れの原因としては、医療提供側では医療の質の低下への懸念やネット診療の報酬の低さがあり、患者側では高齢化（ネット対応に対して不安を感じる）などが要因として指摘されている。

医療のデジタル化は、ゼロコロナ社会に戻ることができそうもない現状においては近い将来必要になるものの、国の違いや医療制度の違いなど、さまざまな要因がデジタル化による医療変革を妨げている。本章では、イノベーション論を考察することから始めて、クリステンセンの理論を分析し、日本の医療イノベーションついて考察する。医療に関するクリステンセンの理論を理解するためには、その戦略論全体の構造を俯瞰する必要がある。以下、クリステンセンの背景的知識から考察を始める。

コラム2：医療とデジタル技術

２０２０年から始まったコロナ禍を巡る対応で、日本の医療分野におけるデジタル技術の活用の遅れが露呈することになった。感染者の把握やワクチンの予約での混乱ぶりはニュースなどで大きくとり上げられた。

一方、世界的に見るとコロナ禍は医療のデジタル化を大きく進めるドライバーとなっている。医療領域でのデジタル技術の活用は、デジタルヘルスあるいはデジタルヘルスケアと呼ばれるが、例えば、米国におけるデジタルヘルス分野のベンチャー投資額は、２０２１年上半期だけで２０１９年通年のほぼ２倍に達している。[1]

医療サービスの提供の中心が医療機関であることに変わりはないが、そこに製薬会社、医療機器メーカー、ＧＡＦＡに代表される巨大ＩＴ企業、多数のＩＴベンチャーが加わり[2]、競争を繰り広げ、また、相互連携を深めている。従来から、デジタルヘルスは、医療をめぐる課題の解決手段として期待されているが、コロナ禍という非常事態をうけて、その開発、活用が加速しているのである。

では、デジタルヘルスではどのような取組みが行われているのか、いくつかトレンドを見てみよう。[3]まず、オンライン診療があげられる。米国ではテレヘルスと呼ばれるが、スマートフォンなどを活用し、病院外から医療サービスを受けられるようにするものである。海外では専用の医療用キットを配布し、遠隔で健康状態をモニターできるようにしている事例もある。地理的に医療へのアクセスが難しい人への医療サービス提供、医療従事者への感染リスクの軽減、医療費の削減、患者とのコミュニケーション強化といった効果が見込まれている。日本では、２０１８年に再診でのオンライン診療が解禁され、２０２０年４月にコロナ禍での時限措置として初診でも利用が認められた。さらに２０２２年度からこれを恒久化することが決まっている。

２つ目は、治療用アプリの活用である。米国では、デジタルセラピューティクスと呼ばれる。スマートフォンアプリなどのソフトウェアで特定の疾患や障害を予防・管理・治療するもので、健康アプリとは異なり、規制当局の承認が得られたものを指す。日本では、２０２０年８月にニコチン依存症治療アプリとＣＯチェッカーが認可されたが、米国では、２型糖尿病、うつ病、心不全、肥満、アルツハイマーなどの予防や管理に活用され、さらに、認知症、喘息、薬物乱用、ＡＤＨＤ、高血圧、などへ対象を拡大している。個人に寄り添った予防からケアまでを安価に対応できることへの期待が大きい。

３つ目は、ＡＩによる治療支援、ヘルスケアＡＩである。ＡＩを活用した画像診断は、内視鏡でのアシスト機能などで既に実用化されている。また、癌検診での特定の癌の検出やゲノム解析での個人の遺伝的リスクの検知などさらに高度な活用が進められている。

４つ目は、ウェアラブルデバイスの活用である。これはメディカルＩｏＴ（Internet of Things）とも呼ばれている。腕時計など身体に装着する小型デバイスを使って個人の健康データを常時収集することができ、このデータを治療や予防に活用することができる。様々なデバイスが開発され、機能追加が進んでいる。例えば、Apple Watch には２０１８年から心電図をとる機能が備わっている。日本では管理医療機器として承認を受けて２０２１年から利用可能となった。

最後は、医療データの収集と活用である。各種の医療データをデジタル化し、データベースとして共有して医療研究に役立てる取組みが進んでいるが、情報管理のため厳しい利用制限もある。患者が自らの医療・健康情報を収集し、一元的に保存する仕組みとしてはＰＨＲ（Personal Health Record）がある。マイナンバーポータルとの連携など利用環境の整備が期待されている。

デジタル技術は、現代の社会に大きな影響を与えているが、その重要性や意義については様々な捉え方があり、ともすれば抽象的な議論に陥る傾向がある。そもそもデジタル技術やデジタル化の定義も定まったものがあるわけではない。医療分野でのデジタル化は、技術の活用方法、それによる課題解決の効果が明確であり、社会的な意義も大きい。また、既存の規制等との調整など導入を進める上での課題も見えやすく、国ごとの取組みの違いや進展の差も顕著にでることが多い。デジタル化については、具体的なイメージをもって議論することが有効であるが、その時、医療分野は最適な対象となるだろう。

（平鹿一久）

[注]

（１）https://rockhealth.com/insights/h1-2021-digital-health-funding-another-blockbuster-year-in-six-months/

（２）ジェフ・エルトン、アン・オリオーダン（２０１７）『ヘルスケア産業のデジタル経営革命』（永田満監訳、三木俊哉訳）、日経ＢＰ社、２５１頁

（３）加藤浩晃（２０２１）「デジタルヘルストレンド２０２１」、メディカ出版。海外の動向は https://masschallenge.org/article/digital-health-trends　などが参考になる。

1　イノベーション論の時代背景

クリステンセンの理論的背景には1990年代に特有な状況がある。当時、ICTによる「ニューエコノミー」はアメリカに新たな経済成長をもたらしつつあった。1980年代、米国産業界は、ダウンサイジングとリストラクチャリングによって混迷をきわめた。ICTは、その混迷から抜け出すための希望の技術であった。1990年代後半はインターネットビジネスの草創期であり、アマゾンは1994年に設立され、その翌年、インターネットで書籍販売を開始している。起業家精神あふれた若者世代も存在した。イーロン・マスクがスタンフォード大学の大学院を入学後2日で退学して起業の準備を始めたのは1995年だった。

経済学者のロバート・ゴードンは、1990年代後半のイノベーションの波は経済史的に特異なものであったことを全要素生産性から説明している。長期的な経済成長の要因は、労働投入、資本投入、そしてその残余から構成される。全要素生産性（TFP）はその残余を指している。労働と資本の上昇は量的成長であり、TFPの上昇は質的成長すなわち基本的にはイノベーションの効果を意味する。「ローマ時代から1750年頃まで経済成長がなかったのはイノベーションがなかったためであり、農夫の生活はほとんど変わらなかった」（Gordon, 2016＝高遠ほか訳、2018下、382頁）。1870年代から始まるアメリカのイノベーションを支えたのは個人起業家であり「立志伝中

図表5-2　全要素生産性の伸び率

年	伸び率（%）
1890 - 1920年	0.46
1920 - 1970年	1.89
1970 - 1994年	0.57
1994 - 2004年	1.03
2004 - 2014年	0.40

出所：Gordon（2018）、訳書、下、p.390

の人」になりたいというグラハム・ベルやトーマス・エジソンたちの世代であった。１９２０年代になると、研究開発が資本集約的になり組織化されたために、イノベーションの担い手は個人起業家から大企業の研究所にいる従業員にとってかわった。表５‐２の全要素生産性の伸び率は、１９２０〜１９７０年の重要性と１９９４‐２００４年の高さがいかに特異だったかを示している。

１９２０年から戦後の高度成長期までは重工業によるイノベーションであり、１９９４年からの10年間はICT革命によるイノベーションである。この２つを比べてゴードンは重要な指摘をしている。「第三次産業革命は革新的であったが、その効果を実感できる分野は限られている。日常生活を一変させた第二次産業革命とは対照的だ」（前掲書、３９６頁）。その結果、ICT革命による成長は短期に終わったというのである。

革命と呼ばれるようなイノベーションが起こり「ニューエコノミー」と称される経済が誕生しても、その成長が短期で終わり、ドットコム企業が潮が引くように市場から退場していく時代が、クリステンセンの時代だったことは示唆的であろう。経営学はこうしてイノベーション戦略に真摯に向き合わざるを得なくなったのである。

既存企業ののろい

イノベーションのスピードが急増した当時の環境に、既存の大手企業はどのように対応したのか。それを示す言葉が「既存企業ののろい」（Incumbent's curse）である。「incumbent」は政治学では現職とか現政党を意味する語だが、経営学の論文や経済誌では新規参入企業に対する業界大手企業、既存の大企業を指す言葉である。ここでは業界大手は破壊的技術をひっさげて参入してくる新興の新規参入者と対照されて「のろい」ないし「落し穴」に陥ると言われている。

既存企業が直面してきた「のろい」とは何か。ジョージ・デイとポール・シューメーカー（２００２）によれば、第一に「参入の遅れ」である。次世代技術は既存顧客のニーズから遠くて狭い範囲のニーズを満たすために作られることが多い。また、ほとんどの次世代技術はまだ成熟していない早期段階で使われ、簡単に捨てられる。既存大手企業は「慣れた状況のもとでの継続的なイノベーション（incremental innovation）」は得意だが、不確実性に対処しようとすると「近視眼的となり、機能しなくなってしまう」（Day and Schoemaker, 2000＝小林監訳、２００２、52頁）傾向がある。デイとシューメーカーは、この原因として「メンタルモデルの限界」をあげている。すなわち、既存企業の経営者は新しい問題に直面すると、自分が過去の経験から学習したことに新しい不確実性問題をあてはめることによって、不確実性を企業がマネジメントできるレベルに軽減するメンタルモデルを用いてしまうというのである。その態度が端的にあらわれるのが「注意して待つ（watch and wait）」という戦略であり、これは既存大手企業の立場からすれば「おそらく合理的な選択」（前掲書、51頁）でもある。こうして既存大手は合理的な選択をした結果、次世代技術への参入に遅れることになる。

第二の「のろい」は「慣れへの固執」である。既存企業の内部には、過去の成功体験によって資源とケイパビリティが顕在的・潜在的に蓄積されているが、かつて自社の競争優位の源泉となった資源とケイパビリティが新技術を受容しにくくすることがある。過去の戦略に組織が慣れていることは、既存組織のルーティンが新技術をはじき出してしまう。今までの技術や物事のプロセス、進め方に慣れているからである。既存市場の大手企業がもつ「独占的なマインドセットは妨げになる」（前掲書、56頁）のである。

たとえ第一と第二の落し穴を回避できたとしても、既存企業の経営者は第三の落し穴にはまることがある。それが「十分なコミットメントへのためらい」である。１９９０年代半ばの調査によると、既存企業27社のうち脅威とみなされる技術にまったく関与しなかったのは3社のみであった一方で積極的に関与したのは4社にとどまっている（前掲書、58頁）。つまり27社中20社は中途半端にコミットしたのであり、これが業界大手の典型的メンタルモデルを示している。業界の支配的企業は、利益の出ている既存製品と共食い（カニバリズム）になるリスクを避ける、またパートナー企業からの抵抗がある、などの理由から脅威とみなされる技術に積極的にコミットメントすることをためらう。

また、既存企業の経営者は大胆な予測を好まないとデイとシューメーカーは指摘している。業界平均を大きく逸脱する予測に基づく戦略は、もし成功すれば金星だが失敗すれば経営者の独断と非難される。業界平均にそった戦略をとれば、失敗したときのリスクは平均値にすぎないから、経営者の意思決定は消極的な意味で合理的である、というのがデイとシューメーカーの含意であろう。

以上のように、インターネットによって開かれたイノベーティブな時代は、多くの大手企業にとっては中途半端なコミットメントと合理的な迷いの時代であった。既存企業の経営者の躊躇が、マイクロソフトやグーグル、アマゾン、アップルのような新興企業にこれ以上ない機会を与えたのである。イノベーションは誰かにとっての機会であると同時に別の誰かにとってのリスクでもある。では、企業にとって競争優位をもたらすイノベーションとは何であろうか。

イノベーションの概念

イノベーションは技術単体ではなしとげることはできない。社会や、個人の精神といった何かが技術といっしょに動くことによってイノベーションは促進されるのである。その要件が揃うことはめったにないからこそ、イノベーションを戦略的に管理することは困難なのである。ハーバード大学のカンター（２０１３）は、イノベーションの戦略的困難さの原因について、「目先の成功に欠かせない既存事業からの売上と、将来の成功に欠かせない新コンセプトの開発を両立させる」（Kanter, 2013＝ハーバード・ビジネス・レビュー編集部訳、２０１８、１７６頁）ことが難しいからだと指摘した。この「現在の成功（current success）」と「未来の成功（future success）」の間の緊張関係

(tension) こそ、イノベーション戦略の本質である。

カンターによれば、これまで企業の最優先課題としてイノベーションが脚光を浴びたことは4回あった。第一は1970年代末から80年代初頭にかけての、世界的に情報化の幕開けのうねりである。コンピューター業界では、大型のメインフレームから一般消費者向けのデスクトップPCへと転換が起こり、小さなガレージ企業が既存の産業構造を急速に変えた。アップルはその典型である。

第二のイノベーションのブームは、1980年代のM&Aによる事業再編圧力とともに起こった。マイクロソフトのような振興企業に対抗するために、既存大企業は新規事業の立ち上げや、LBO (レバレッジド・バイアウト：被買収企業の資産を担保に資金を調達して、その金で被買収企業を買収するM&Aの手法) が流行した。また金融ではデリバティブ (派生金融商品) などの金融工学イノベーションが起こった。

第三のイノベーションのうねりは1990年代のデジタルブームであった。インターネットの脅威な将来性に直面して、既存のブリック・アンド・モルタル企業はそのビジネスモデルを革命的に変えようとした。

第四のイノベーションのうねりは2007年頃のものであるが、ドットコムバブルの崩壊と世界的な景気後退のなかでこれまでとは異なるブームとなっているという。このイノベーション・ブームが今日まで継続中のものである。

カンターが明らかにしたことは、この4半世紀はイノベーションが競争優位の源泉としてつねに重視されてきたということであり、また、かつての「ドットコム・ブーム」や「ＩＴ狂想曲」の時代には、ＩＴを使ってビジネスを革命的に転換するという風潮があったが、今日では、ＩＴバブルの崩壊を経験したこともあって、企業も社会も冷静になり、デジタルをどう取り入れるか、デジタルとどう付きあうかを見きわめる必要がある冷静なブームがやってきたということである。

カンターの説明に一つ付け加えるとしたら技術的要因である。ＩＴはこれまでの機械工学とは異なるソフトウェア技術である。従来のアナログな「ものづくり」とデジタルな制作のプロセスは異なり、その進化のスピードも大きく違う。従来の「ものづくり」では、巨大な組織と販売力をもち、豊富な研究開発資金を持つ大企業が規模と範囲の経済を享受してきた。しかしデジタル技術を基盤にした新しい経済構造は、画期的なアイデアはあるが資金も組織もない新規参入者に大きな機会をもたらした。

カンターによれば、イノベーションは理論的に研究されてきたし、経営者も情報としてその罠を知っているが、いざ戦略を策定し実行するとなると前例を重視したり、「未来の成功」の種になるような新規プロジェクトを不確実だからと言って却下してしまうことが多い（前掲書）。ここに経営戦略論でイノベーションの重要性が研究され続けている要因がある。そして、イノベーション論を今日のような大きな潮流にしたのがクリステンセンである。

コラム３：ITとデジタル技術

コンピュータでデータを処理する技術全般を示す言葉には、既にIT（情報技術）という言葉がある。ITとデジタル技術の違いは明確ではないが、ITは効率化に関わること、デジタル技術は顧客視点での価値創造に関わることという意味合いで捉えられることが多くなっている。一橋大学の神岡太郎教授は、2018年12月に掲載された日経新聞の「やさしい経済教室」の中で、「ビジネスへの応用面では、かつてITと呼んでいたある領域を、ITと区別してデジタルと呼ぶようになってきました。それは利用者視点でビジネスを創造・提供するために使う情報技術です」と説明している。[1]

デジタル技術と聞くとどのようなものをイメージするだろうか。情報通信白書令和３年版の中では、表に掲げた10の技術がデジタル技術として取り上げられている。[2]

これらは、今日のデジタル技術を象徴するものではあるが、それぞれ単独で成り立つものではない。デジタル技術は、コンピュータのハードウェア、ソフトウェア、そしてネットワーク技術が中心となって形作られ[3]、様々な要素技術や製品が関連して実現しているものと理解するのが良いだろう。

そして、デジタル技術は一つのシナリオに関連づけして捉えるとその意味が解りやすい。キーワードはサイバー空間である。デジタル技術により、現実に存在するフィジカル空間の状況が容易にデジタルデータ化できるようになった。AIにより画像や音声は自動的にラベル付けが可能になり、IoTにより様々なモノの情報が補足できるようになった。スマホからは人々の活動に伴うあらゆる情報が入力される。これらのデジタルデータはクラウドに蓄積され、インターネット上を飛び交って様々な企業活動に活用される。このネットワーク上のサイバー空間で今や社会・経済活動が営まれるようになった。そ

表　10のデジタル技術

10のトピック	概　要
① AI	artificial intelligenceの略。人工知能。現在は第3次AIブームとされ、ディープラーニングを取入れることで2012年頃から画像、音声、テキストなどを対象にした分類や予測が飛躍的に発展した。
② IoT	Internet of Thingsの略。様々な「モノ」をインターネットに接続し、相互に制御する仕組み。センサー機能をもったデバイスが計測する情報をインターネット経由で収集することで、これまで収集できなかった情報が収集可能になる。デバイスにはウェアラブル（腕時計や眼鏡など人間が装着可能）なものも含まれる。
③ データ分析	データサイエンス、データアナリティクスとも呼ばれる。データを用いて新たな科学的および社会に有益な知見を引き出そうとするアプローチのこと。その中でデータを扱う手法である情報科学、統計学、アルゴリズムなどを横断的に扱う。
④ クラウド	cloud computing。インターネットを経由して、サーバなどのコンピュータ資源を利用量の応じた料金を支払うことで使用する形態。極短時間で利用が開始でき、ソフトウェアを通じて制御を行う。運用管理機能、ミドルウェア機能、各種アプリケーションなど様々な機能が提供されるようになっている。2006年にAWSが最初のサービスをリリースした。
⑤ スマホアプリ	Smart phone Application。モバイルアプリケーションとも呼ばれる。スマートフォン、タブレットコンピュータ、その他携帯端末で動作するように設計・製作されたアプリケーションソフトウェア。 最初のスマートフォン、初代iPhoneは2008年に販売開始された。
⑥ ブロックチェーン	暗号技術を使ってリンクされたブロックと呼ばれるレコードの増大するリストにより実現する分散型台帳。当事者間の取引を効率的かつ検証可能で恒久的な方法で記録することができる。一度記録されたブロックのデータは、後続のすべてのブロックを変更しない限り、遡及的に変更することはできない。
⑦ ドローン／ロボット	drone。無人で遠隔操作や自動制御によって飛行できる航空機の総称。 robot。人の代わりに何らかの作業を自律的に行う装置のこと。近年、デジタルデータによる制御やAIを活用した自動化が発達している。
⑧ AR/VR	ARはAugmented Realityの略。拡張現実。人が知覚する現実環境をコンピュータにより拡張する技術、および拡張された現実環境そのものを指す。 VRはvirtual realityの略。仮想現実。現物・実物（オリジナル）ではないが機能としての本質は同じであるような環境を、ユーザーの五感を含む感覚を刺激することにより理工学的に作り出す技術およびその体系。
⑨ RPA	robotic process automationの略。事業プロセス自動化技術の一種。ユーザーがアプリケーションのグラフィカルユーザーインターフェイス（GUI）でタスクの実行を監視・識別しながらアクションリストを作成し、記録したタスクをＧＵＩ上で直接繰り返すことで自動化を行う。
⑩ 5G	第5世代移動通信システム。高速大容量、低遅延、多数同時接続を特徴とする。5Gの普及によりVR、自動運転などの関連技術の開発が進むと言われている。

出所：概要はwikipediaなどをもとに筆者作成。

図１　サイバー空間とフィジカル空間

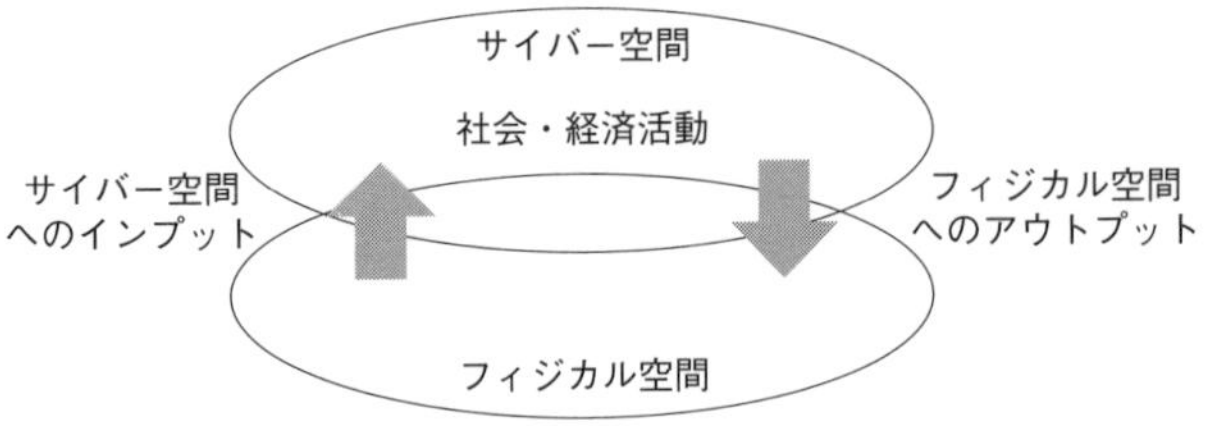

出所：筆者作成

して、サイバー空間で最適化されたデータはロボットなどを通じてフィジカル空間で活用される。

内閣府が提唱しているSociety5.0では、「サイバー空間（仮想空間）とフィジカル空間（現実空間）を高度に融合させたシステムにより、経済発展と社会的課題の解決を両立する、人間中心の社会（Society）」を目指すとしている。[4] デジタル技術は、サイバー空間とフィジカル空間を融合させ、サイバー空間の価値を最大化する技術と言えるのである。

サイバー空間ではフィジカル空間では実現できなかったことが可能となる。例えば、データの完璧なコピーをコストなしで作ることができ、[5] 瞬時に多人数にリッチな情報を伝達できる。[6] 情報を持つ人と必要とする人を容易にマッチングすることができる。[7] シミュレーションによりモノづくりの時間なしで設計内容を確認できる。さらに、大量に集められたデータにより特定領域の将来を予測することも可能になっている。[8] これらの特徴によって、情報に関わるＱＣＤ、即ち情報の質と精度、情報を得るコストと時間が激変することになる。サイバー空間ではフィジカル空間で存在する制約が取り払われることになるのである。

技術はそれだけでは価値を生まない。何かに用いられることで価値

図２　デジタル技術とデジタルヘルスの関連

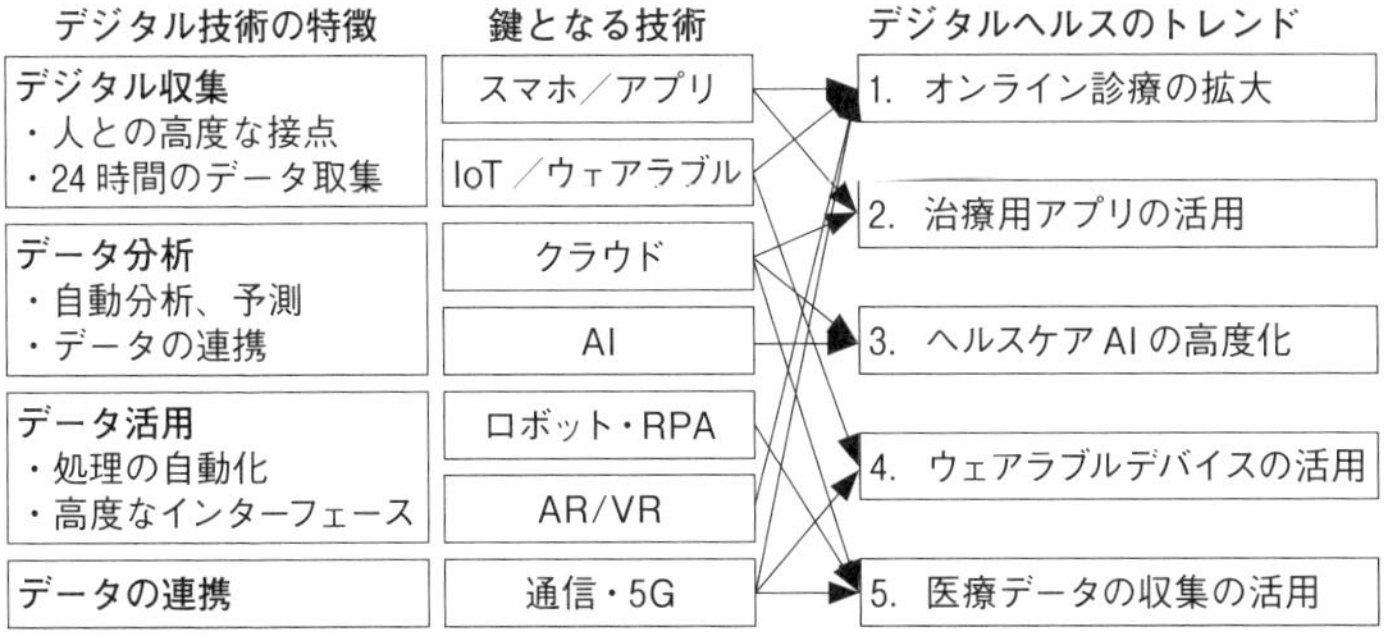

出所：筆者作成

を生む。ＩＴはフィジカル空間の現実の業務をモデルとして、その一部をコンピュータ処理に置き換えることで効率化という価値を生むことができた。デジタル技術が価値を生むには、サイバー空間という新たな条件の中で新たなモデルを生み出す必要があるだろう。デジタルビジネスで成功している企業はこれができた企業であり、既存産業の変革を迫る存在となっているのである。

（平鹿一久）

［注］

（1）https://www.nikkei.com/article/DGXMZO38558690V01C18

（2）https://www.soumu.go.jp/johotsusintokei/whitepaper/　p.99

（3）エリック・ブリニュルフソン、アンドリュー・マカフィー（２０１５）『ザ・セカンド・マシン・エイジ』（村井章子訳）、日経ＢＰ社、28頁

（4）https://www8.cao.go.jp/cstp/society5_0/

（5）カール・シャピロ、ハル・ヴァリアン（２０１８）『情報経済の鉄則』（大野一訳）、日経ＢＰ、１８７頁

（6）フィリップ・エバンス、トーマス・Ｓ・ウースター（１９９９）『ネット資本主義の企業戦略』（ボストン　コンサルティング　グループ訳）、ダイヤモンド社、48頁

（７）デビット・ロジャース（２０２１）『ＤＸ戦略立案書』（笠原英一訳）、白桃書房、70頁
（８）日経クロストレンド編集（２０１８）『ディープラーニング活用の教科書』、日経ＢＰ社、１０４頁

２　クリステンセンのイノベーション理論

「ジレンマ」の今日的意義

かつて成功を収めた大企業が、いつのまにか競争力を失って市場から退場する光景はめずらしいものではなくなった。その敗因の多くは、資源と能力の不足や、経営者の無謀な戦略や、近視眼的な投資などにある。そういう非合理的な戦略や非効率的な組織は、より合理的で効率的なライバルに叩きつぶされて当然である。ところがクリステンセンの言う「破壊的イノベーター」によって敗れた大企業は、そういう種類の非合理な組織ではない。クリステンセンは、優良企業が合理的な戦略と効率的な組織ゆえに競争劣位に陥る理由を「ジレンマ」という言葉にこめて説明しているのである。

クリステンセンの「イノベーションのジレンマ」は、優良な大企業がなぜ新規の起業家企業に対して競争優位を維持できないのかを解明した。従来の戦略論は、既存大企業の非合理的な経営をその要因と見なしたが、クリステンセンは、大企業は合理的な経営をしていたのであり、その「すぐれた経営こそが、業界リーダーの座を失った最大の理由である」（Christensen, 1997 = 伊豆訳、２００１、

5頁）と主張したのである。経営者やシニアマネジャー（事業部トップ）が合理的に意思決定するからこそ、大企業はその脆弱性をあらわにしていくというクリステンセンの理論は、経営者と組織の合理性を基盤にした説明であり、資源と能力の不足や不運を「犯人」にすることを避けている。環境が急速に変化するデジタル経済において、潜在的需要（クリステンセンの言う「無消費者」）をスペックの低い低価格製品で満たす新規参入者の「破壊」的戦略を説明するためにはクリステンセンの理論がふさわしい。

クリステンセン理論の意義は今日でもなお薄れていないことを、最近の例をあげて説明しておこう。

伊藤忠商事の岡藤正広会長ＣＥＯが「ブリヂストン成功の理由」（日本経済新聞、２０２１年６月７日夕刊）という珠玉のエッセイを書いている。その内容を要約しよう。今日、世界最大のタイヤメーカーとなったブリヂストンの跳躍は、１９２２（大正11）年、ゴム底を付けた地下足袋の開発から始まった。この地下足袋は三池炭鉱の労働者の大量のニーズを満たした。経営者は、ゴム底地下足袋の「本業」が持っている技術を活かして、運動靴という「新規事業」に進出し、軌道に乗せ、販路を欧米、アフリカ、インドにも広げた。１９３６（昭和６）年、まだ日本国内に自動車は８万台に届かなかった時期に、次世代経営者はモータリゼーションの時代を予測して「タイヤ部門を独立」させた。トヨタ自動車が豊田自動織機から「独立」して誕生するのはこの６年後、１９４２年のことであり、ブリヂストンの予測力がうかがえる。ブリヂストンの経営者の「先見の明」について、岡藤ＣＥ

Ｏは重要な指摘をしている。

「多くの国民がいつかはクルマを持ちたいと願う『お客の声』を見抜いたのだ。……運動靴という『本業』が好調なうちに将来の種をまいたことも大きい。20世紀末、運動靴は落ち目となり経営破綻した。地下足袋から生まれたタイヤと靴。消費者の声から市場の将来性を見抜けたかどうかが明暗を分けた」（岡藤、日経新聞、２０２１年６月７日夕刊）。

理論としてクリステンセンが明らかにしたことは、生き馬の目を抜くといわれるビジネスで成功した巨大商社の経営者が「商売の解は常に市場に存在する」と述べたこの指摘に重なるものである。クリステンセンもそうなのだが、この「商売の解」も表面的に読み流すと当たり前のことを言っているだけだと思えるかもしれない。実際に、そういうクリステンセンの読み方をする読者は少なくないであろう。しかしもう一歩深く考察すべきである。

このエッセイがフォーカスしているのは「本業」と「新規事業」の関係である。図表５‐３を用いて議論を整理してみよう。

・「本業」は既存市場の事業であり、既存の顧客、既存の製品・サービス、既存の技術によって「目の前の利益」つまり短期的利益を得るいわば生きる糧であり、現在の企業にとっての競争優位の源泉である。これは前述したカンターの言う「カレント・サクセス」に当たる。

図表５−３　「お客の声」を聞く時間

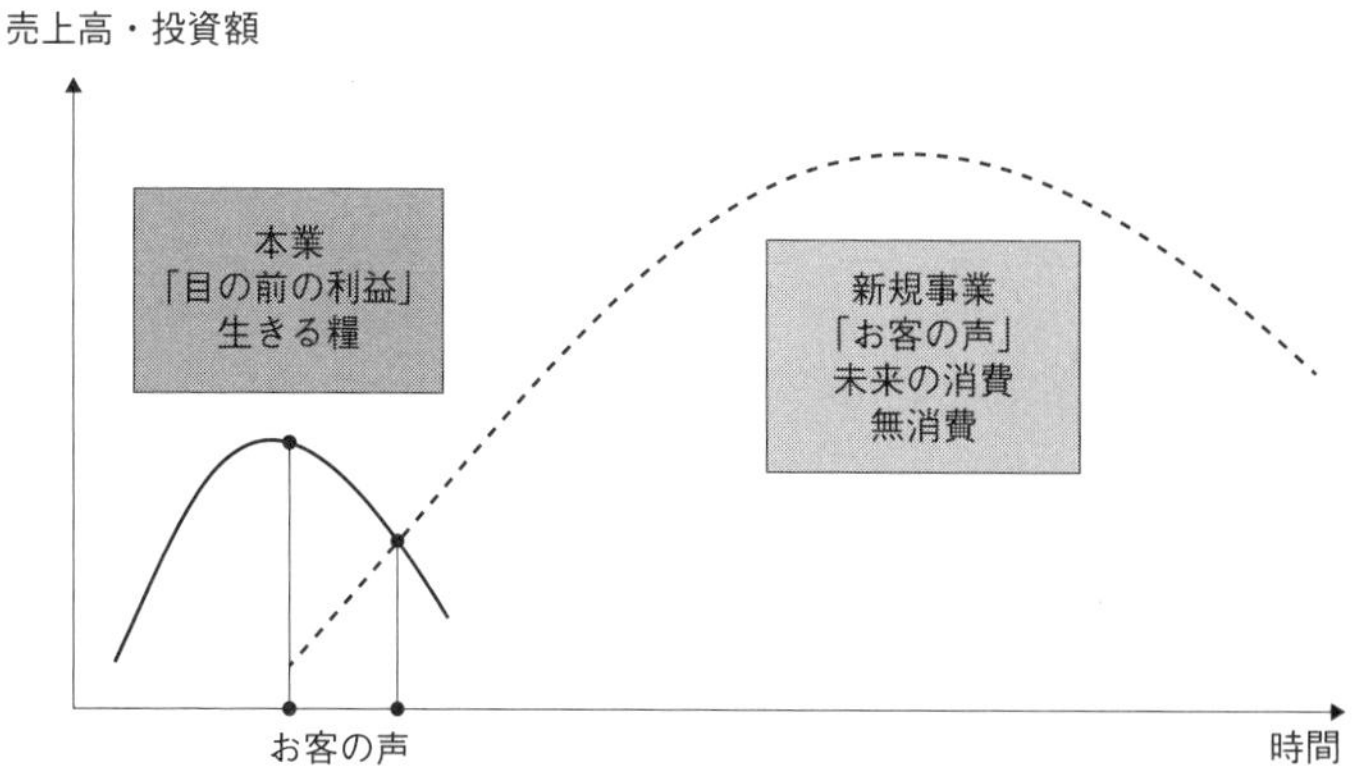

出所：筆者作成

・「新規事業」は潜在市場の事業であり、存在するかしないか分からない潜在顧客、どれだけ利益をもたらすか分からない潜在製品・サービス、完成するかどうか分からない潜在技術によって将来の利益を得るはずのものである。こちらはカンターの言う「フューチャー・サクセス」である。ただし技術進化が速い業界では、競合他社が自社よりも先に製品開発に成功して、マイクロソフトのＯＳのように将来の利益を総取り（ウィナー・テイクス・オール）されてしまうことも多い。

・したがって企業は持続的な競争優位を獲得するためには、「本業」で短期的な利益を追求するだけでは十分ではなく、「新規事業」に投資をして将来の利益を追求しなければならない。しかも、そのタイミングは業界や社会が認知するよりもずっと早くなければならない。「お客の声」を聞くという手垢のついた言葉は、実は目の前にいる顧客だけのことではなく、今はまだ姿も形もない、しかもほんとうに現れるかどうかすら確かではない将来のお客を含んでいる。潜在的市場が実際に現れて、大規模な顧客層になってからでは市場を他社にとられているだろう。この意味で「お客の声」を聞く時間は短い可能性がある（図表５－３に示されている時間）。

・「新規事業」は独立の組織によって経営されなければならない。

このように議論を整理してみると、クリステンセンのイノベーション理論とほぼ同様の趣旨を日本の卓越した経営者が述べていることがわかる。以下、クリステンセンの理論を３つのコアとなっている論点から考察する。

3　クリステンセンの3つのコア理論

(1)　破壊的イノベーションの理論

クリステンセンの用語「破壊的イノベーション」は、発表された後に様々な文脈で使われてきた。大企業が新興企業に対して技術開発能力の面で遅れているとか、顧客のニーズを軽視するという意味で「破壊的」になるという使われ方はその一例である。本章ではまずクリステンセンの戦略論でキーとなる概念が何か、それはどのように定義されているかの確認から始めよう。

バウアーとクリステンセンの論文（Bower and Christensen, 1995）が最初に指摘したことは、業界のリーディングカンパニーが技術と市場が変化したときに繰り返す失敗のパターンがあるということである。グッドイヤータイヤとファイアストンは、ラジアルタイヤ技術と市場への参入に大幅に出遅れた。ゼロックスは小型コピー機市場の開拓でキヤノンに出遅れたし、コンピューター業界ではそれまで君臨していたＩＢＭがミニコンピューター市場でＤＥＣに大幅に遅れた（Bower and Christensen, 1995）。繰り返されてきた大企業の失敗を前に、研究者と経営者は「技術や市場の変化に直面した企業にとって、成功を繰り返すことがなぜこれほど難しいのだろう」（Christensen and Bower, 1996, p.197＝岡ほか訳、２００７、２６７頁）と考えてきた。そしてその理由として、近視眼的な経営（managerial myopia）や組織の怠惰、経営資源の不足などを指摘してきた。たしかにそういう理由で失敗した大手企業も存在したが、しかしクリステンセンはジレンマを論じたのであり、これらの理由から失敗するのはジレンマではない。クリステンセンは自分のリサーチクエスチョンについて明確に次のように初期論文に述べており、その後の多数の論文においても一貫してこの視点を変えていない。

「本論文は、強固な財政基盤を持ち、顧客の声に敏感で、技術的能力に優れ、合理的に運営されている企業が、重要な新技術の採用や重要な市場への参入に失敗する理由、つまりかつての偉大な企業（once-great firms）がイノベーションを起こせずに没落する理由と、それが起こる状況について考察する」（Christensen and Bower, 1996, p.198＝前掲書、２６７頁）。

この問いに対してクリステンセンは、「かつて偉大だった企業」が新しい技術と市場の「イノベーションに失敗する」理由は、「技術」（technology）が原因ではないこと、そうではなくて「自社の顧客の声に忠実に耳を傾けすぎる」（they listen too carefully to their customers）から失敗すると主張した（Christensen and Bower, 1996, p.198＝前掲書、２６８頁）。この主張はジレンマを示している。なぜなら、マーケット・インの考え方や自社の顧客の声に耳を傾けろという議論は、経営学では合理的であり、むしろ常識にすぎないからである。当たり前のことをすると経営がうまくいかなくなるというのはジレンマにほかならない。

クリステンセンの理論が誤解されやすいのはその用語にも原因があるかもしれない。「イノベーションのジレンマ」理論でいう「技術」とは「労働、資本、資材、情報を組織（organization）が製品またはサービスに転換するプロセス（processes）」（Christensen and Bower, 1996, p.198）を指している。一般に使われる設備、製造技術という定義よりも広い意味で組織がインプットを製品・サービスに「転換するプロセス」つまり「ビジネス・プロセス」（business processes）を指している。この中にはトップ経営者の戦略的な意思決定から、委員会における新製品のマーケティング戦略の決定あるいは現場組織の戦略実行のプロセスまですべてが含まれている。エンジニアリングや製造工程の「技術」のみを指す概念ではないことが重要である。そして「イノベーション」という用語は、このように広義に定義された「技術」における変化（a change in technology）を指している（Christensen and Bower, 1996, p.198）。クリステンセンが指摘したリーディング企業の失敗とは、こういう技術のイノベーションにおける失敗である。それは組織の合理的な意思決定プロセスがもたらす失敗であり、言い換えると次のように定義できる。

「成功している企業の資源配分のプロセスは、市場主導型の資源配分が効率的だ（effective resource allocation is market-driven）という経験則に従って、既存市場の現在の顧客（current customers in existing markets）が確実に求めるとわかっているイノベーションを後押しするようになっている。……逆にイノベーションが企業の現在の顧客（current customers）の当面のニーズに応えるものではない場合、それを実行する能力も適性も備えた企業が失敗することがある」（Christensen and Bower, 1996, p.198＝岡ほか訳、２００７、２６８頁）。

優良企業は「既存市場の現在の顧客」のニーズを認知する高い能力を備えている「組織」であるということ、そしてこの組織は「合理的かつ分析的な投資プロセス」（Bower and Christensen, 1995, p.44）を使って既存市場の現顧客のニーズを満たすために効率的にマネジメントされているということが前提となっている。優良企業は「お客の声」を認知することができるプロセス（技術）を持っているのである。それは官僚主義的に規則と手続きが決められて、繰り返されるルーティンワークの積み重ねによって策定と実行がなされる「計画」――あのミンツバーグが限界を明らかにした戦略計画と同義――を用いて、優良企業は既存市場と現顧客の要望に応える。

しかし新興技術で小さな市場しかない製品・サービスの場合は、既存の優良企業の戦略計画は機能しなくなる場合がある。優良大企業からみれば参入するのに容易な市場だとしても、大企業の合理的プロセスがその参入を許さないという資源配分のパターンがある。現在の利益をもたらさない顧客とビジネスに対して、優良な既存企業の合理性はむしろ硬直性に転化する。この転化には「プロセス」と「価値基準」が深く関わっている。プロセスとは、組織へのインプット（労働力、原材料、資金、情報、技術）をアウトプット（製品・サービス）に転換する方法と定義される。価値基準とは、クリステンセンが後に言い換えたように、組織の経営者や従業員が仕事をする際の「優先順位」のことである。

「プロセス」と「価値基準」は、資源ベース戦略論では「ルーティン」概念に含まれている。組織が効率化するのは「ルーティン」が進化するからであり、日常の半ば無意識的に行われる反復活動が組織目的の達成のために洗練されていくことが、分業の経済性をもたらす。組織の業務を「ルーティン」とそれ以外の「ノンルーティン」に分類すると、組織が処理するほとんどすべての業務は「ルーティン」である（Simon, 1945; March and Simon, 1958）。言い換えると、組織業務におけるほとんどすべての仕事は昨日までに処理したことがある業務であり、組織の真骨頂は定型業務を正確に大量処理できることにある。当該の階層において「ノンルーティン」な仕事が発生したときには、その処理を一つ上の階層に上げる。上位階層においてはその仕事は「ルーティン」であり、すばやく正確に処理できる。これが階層制組織のメカニズムである（Weber, 1922）。組織はできるだけ多くの仕事を標準化（処理する方法の規則化）をすることによって、「ノンルーティン」の業務を減らそうと試みる。そのことによって組織はほとんどすべての仕事を「ルーティン」化するのであり、標準化することで担当者が誰であっても同じ処理を正確にすばやく行えるようになるのである。これを活動のプログラム化と呼ぶ。したがって「ルーティン」はいったん確立されると硬直化していき、たとえ環境が変化してもそれを柔軟に運用することは困難になるのは当然である。クリステンセンもプロセスと価値基準は変わりにくいことを指摘している。このことと「イノベーションのジレンマ」は深く関連しているのである。

「経営者にとってのジレンマは、プロセスがその性質上、従業員が反復作業を一定の方法で行うために確立されるということだ。一貫制を保つため、プロセスは基本的に変化しない。変更が必要なときには、厳しく管理された手順にしたがって変更する。つまり、組織が価値を生みだすメカニズムそのものが、本質的に、変化をこばむのである」(Christensen, 1997＝伊豆訳、２００１、２２２頁)。

優良企業の競争優位の源泉は、クリステンセン理論によれば「資源」の量と質だけではない。「資源」は移動しやすいものである。しかし洗練された「プロセス」と「価値基準」(優先順位)は変わりにくく、競合他社にとって模倣困難なものである。洗練された「ルーティン」を持った大企業は、

図表5－4　技術のSカーブ

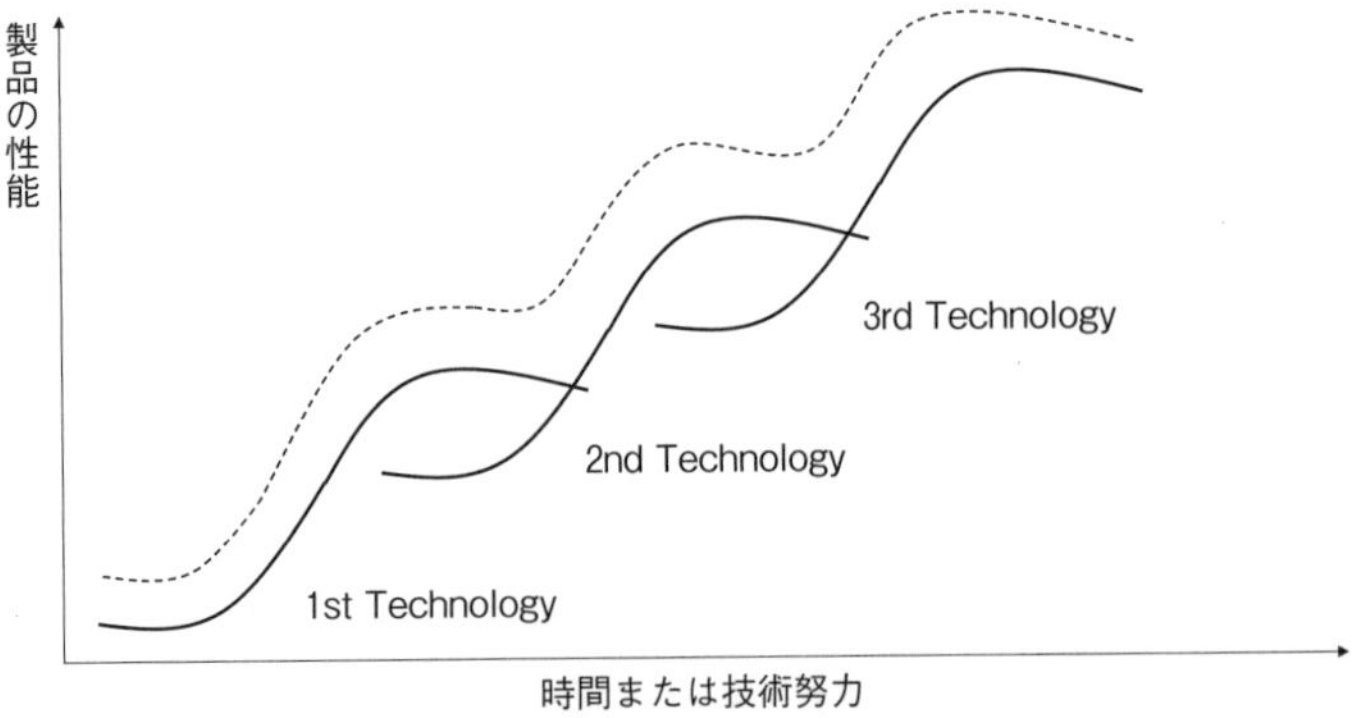

出所：Christensen, 1992, Exploring the limits of the technology S-curve. Part I: Component technologies. *Production and Operations Management*, 1（4）, p.340

業界で成功を収めているはずであり、そのような既存の大手企業が最も卓越しているのが持続的イノベーション（sustaining innovation）である。

持続的イノベーション

クリステンセンはイノベーションのジレンマ論を発表する前に特徴的な技術論を書いている。技術のSカーブについての議論は、そのあとの彼のイノベーション論のベースになった。

この1992年の論文における「技術」とは一般的な意味で用いられている狭義の技術を指している。クリステンセンによれば、戦略的技術マネジメントは図表5－4のSカーブの変曲点を見きわめて、第1の技術（1st Technology）から第2へ、第2の技術（2nd Technology）から第3へと既存技術から新規技術へ後継を開発することにフォーカスしている（Christensen, 1992; Christensen, 1997）。その理由は、

Sカーブの性質にある。図の技術Sカーブにみられるように、初期段階において技術の性能が向上する速度は相対的に遅い。普及してその技術が業界や社会に理解されるようになって、扱い方も広まってくると技術の性能は急カーブを描いて向上する。そして成熟期に入ると、物理的な限界に近づいた技術は、相対的に技術努力（engineering effort）と時間をかけなければその性能を向上させることはできなくなる。したがって技術戦略論は、新旧２つのSカーブが交差する時期に技術の継承を志向してきた（Christensen, 1997）。

この技術継承は、クリステンセンのいう「持続的イノベーション」が起きる過程を示している。漸進的な技術改良をすることで、製品の性能は図の点線のように向上を続ける。図表５－４の製品技術は、３世代に継承発展されている。優良既存企業はこうして図の点線が示すようなイノベーションを実現して市場のリーダーとして君臨してきた。これがほとんどすべての業界で大手企業がその競走能力を構築するために行ってきた、研究開発投資の増強、技術に関する調査と予測、市場調査などの総力をあげた計画的努力の理想的結果としてあらわれる持続的イノベーションである。

クリステンセンの理論は、ある技術によって既存市場の大手企業が競争劣位に陥り、小規模な起業家企業がそれになりかわって成長する「破壊」のプロセスを示した。右に見たように、その意味は、大手企業は技術投資に怠慢であるとか、起業家企業のほうが技術力に長けているということではない。既存大手は合理的に持続的技術に積極的に投資して、技術開発も成功させてきたのである。ただし、それはたとえば既存製品のコンポーネント技術に対する継承的な投資であり、図にみられるような「持続的イノベーション」の努力なのである。

持続的イノベーションを進めるのは、組織の深化（exploitation）能力である（Christensen and Raynor, 2003, p.40.)。自動車、パソコン、インターネットなどの画期的な技術があらわれると、多くの起業家たちが「我こそは」とばかり激烈な競争を展開する。そして競争の勝者は、次の段階の競争に入り、その技術を深化させて他社を引き離そうとする――これをクリステンセンは持続的軌跡（sustaining trajectory）と呼んでいる。

要するに、(1)既存の主要市場のメイン顧客のニーズを満たすように、既存市場が評価してきた性能指標からみて、(2)既存の製品の性能を技術継承的にスペックを高める、ことをクリステンセンは「持続的イノベーション」と定義する。これは「ラディカルまたはインクリメンタルなイノベーション」の分類とは文脈が異なる点に留意しなければならない。

破壊的イノベーション

図表5-5の点線は顧客のニーズを示している。どの市場にも顧客が利用できる改良のペースがある。これを示すのがこの緩やかに上昇する点線である。自動車のエンジンは新型になるたびに改良される。この点線は顧客が利用可能なエンジンの能力の中央値である。その周囲にハイエンドからローエンドまでの顧客が正規分布している。

既存企業は定期的に新製品を市場に供給する。その際、持続的イノベーションが行われる。そのイ

図表5－5　持続的＆破壊的イノベーション

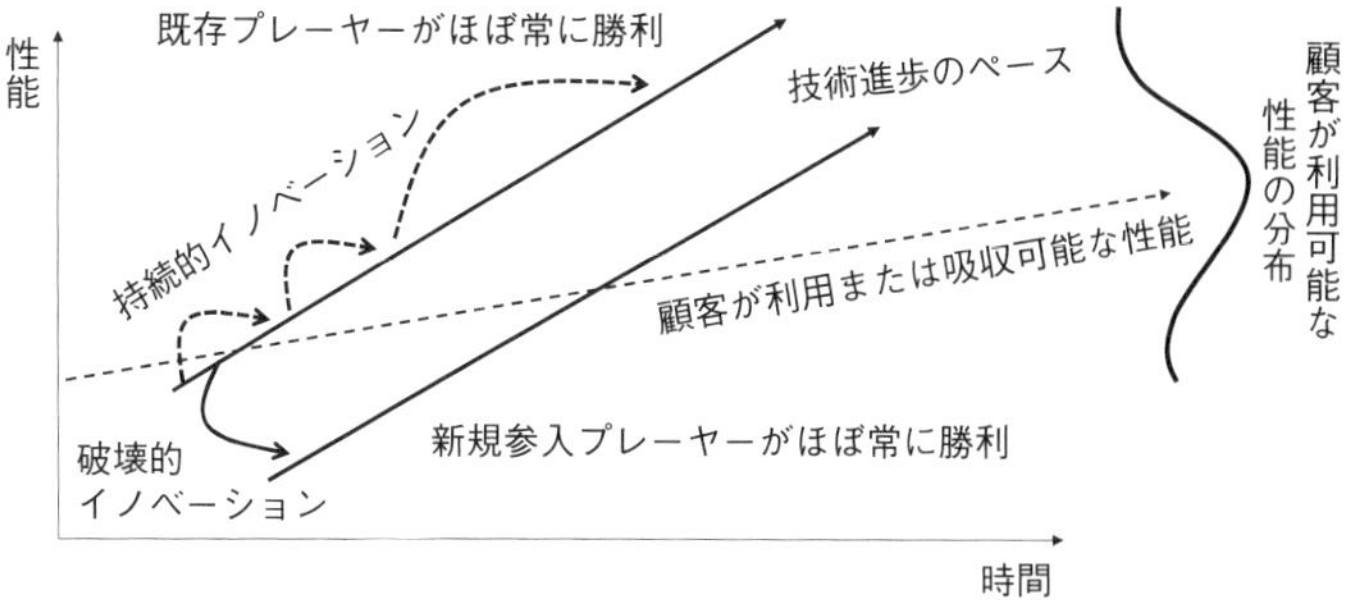

出所：アンソニー他『イノベーションへの解実践編』翔泳社、2008、25頁

ノベーションは「ラディカル」である場合もあるだろうし、「漸次的」な場合もあるが、持続的であることがほとんどである。一方、人間の生活は技術の進化ほど速く変化しないから、顧客は、新機能をすべて使うわけではない。これをクリステン流に言うと、企業の新製品における持続的イノベーションのペースは、顧客が吸収可能な品質改良のペースよりも速いということになる。図の実線は企業による技術進歩のペースを示している。企業が提供する技術進歩の傾きは、顧客が利用可能な傾きよりも傾きが急である。企業は大企業になればなるほど高利益率と成長を求めるため、図の点線（メイン顧客の平均値）より上にいる層、つまりハイエンドな製品を求める顧客をメインターゲットに設定して、この購買層を満足させようとする傾向がある。こうして既存企業のイノベーションは、平均顧客からみるとオーバースペックとなる、ハイエンドで高価格な製品を提供することになる。

持続的イノベーションは、従来製品よりも優れた性能で、要求の厳しいハイエンドの顧客獲得をねらう。「持続的競争は、最高の顧客により高い利益率で売れるより良い製品をつくる競争」であるのに対して、下段の実線に見られるローエンド型の「破壊的イノベーション」は「現在手に入る製品ほどには優れていない製品やサービスを売り出すことで、その〔持続的競争〕軌跡を破壊し、定義し直す」（Christensen and Raynor, 2003＝櫻井訳、２００３、40頁）。その意味では破壊的技術は顧客ニーズの平均値に達していない性能レベルから出発する。それはスペックの低い製品で、その分安価でもある。しかし市場には購買力が不十分な顧客（クリステンセンのいう「非消費者」）が大量に存在することもある。最初に破壊的技術の製品のユーザーとなるのはそういう顧客である。そして時間の経過とともに、ローエンド製品の性能は顧客の平均値（点線）に近づき到達する。点線より下の市場はローエンド顧客が拡大していく市場であり、上の市場はハイエンド顧客がより高価な製品を求める市場である。技術のSカーブから、高級化の増分はしだいに減少していき、次の技術が製品化されるまではハイエンド市場は枯れていく。その反面で、急速に顧客が増大するのがローエンド市場である。新規参入企業は力をつけていき、ついにその製品性能は点線（市場平均値）に到達すると、この時点で持続的イノベーションの成果（上段の実線）は平均的顧客からみるとオーバースペックな技術と無駄な高価格になる。破壊はこうして起こるのである。

破壊の概念

これまで戦略論だけでなく多様な分野で、クリステンセン理論の破壊という言葉が曖昧に使われ、そのインパクトの大きさだけで一人歩きしてきたことは否めない。もういちどこの概念がどのように使われているかを（原文とともに）確認しておこう。

「破壊とは理論である。つまり、競争の帰結が状況に応じてどのように変化するかを、高い精度で予測できる、因果関係を示す概念モデルなのだ。」（Christensen and Raynor, 2003＝櫻井訳、2003、72頁）“Disruption is a theory: a conceptual model of cause and effect that makes it possible to better predict the outcomes of competitive battles in different circumstances.”（Christensen and Raynor, 2003, p.55）

このような理論としての破壊概念は次のような前提がある。

(1)　生産者・消費者がそれぞれ利益（効用）の極大化行動をするという理論的前提がある。この意味でクリステンセンの破壊概念はオーソドックスな人間仮説を土台にしている。

(2)　大企業のマネジャーと起業家のモチベーションには非対称性（asymmetry of motivation）が存在する。既存大企業は利益極大化のために「最重要顧客を満足させ、収益性が最も高いであろう分野に投資する」（前掲書）のが最も合理的な行動である（持続的イノベーション）。革新的な技術を持った新規参入者は、持続的イノベーション競争では既存大企業に勝つことはできないが、破壊的戦略によって既存の成功企業に打ち勝つ可能性がある。破壊的イノベーターが成功するのは、ローエンド型破壊（a low-end disruption）あるいは新市場型破壊（a new-market disruption）の条件がある場合である。ローエンド型戦略は、主流市場のローエンドにいる顧客

図表５－６　３つのイノベーション

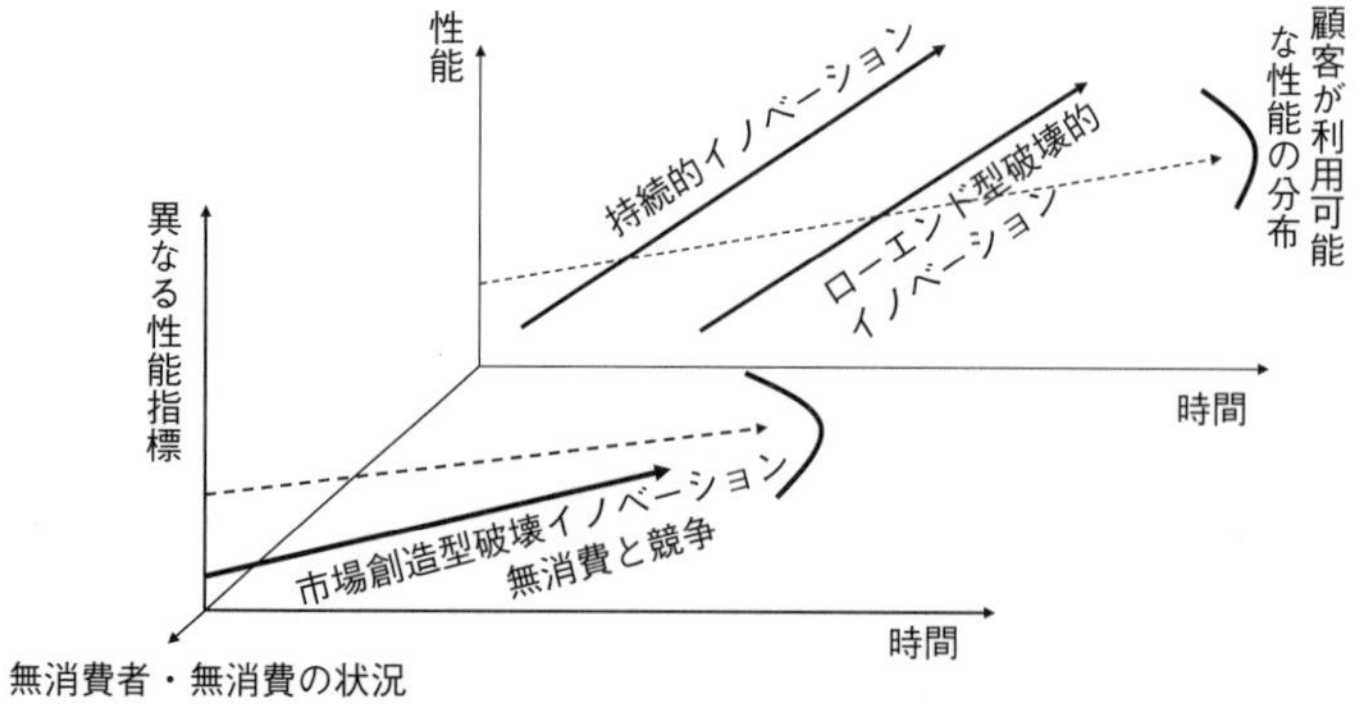

出所：クリステンセンとレイナー『イノベーションの最終解』翔泳社、2014、6頁より作成。

を対象とする。新市場型戦略は、購買力が不足しているため製品市場に参加していない消費者（すなわち非消費、非消費者［nonconsumption, non-consumers］）を対象とする。

「大手企業には、持続的イノベーションを支えるために設計され精緻化された資源配分プロセスがあるため、構造上、破壊的イノベーションに対応できないのだ。つねに上位市場に向かうよう動機づけられている一方で、破壊者にとって魅力的な、新市場やローエンド市場を防御する意欲はほとんどない」（Christensen and Raynor, 2003＝櫻井訳、２００３、41～42頁）。

これをクリステンセンは「非対称的モチベーション」と呼んで「イノベーションのジレンマの根幹」（Christensen and Raynor, 2003＝櫻井訳、２００３、42頁）であり、その解のヒントにもなると重視している。

(2) ジョブ理論

顧客のジョブ

クリステンセンのジョブ理論は「破壊」の次に広く使われている。しかしその意味は必ずしも正確に用いられているとは限らない。クリステンセン独特の使用法に留意すべきである。

「片づける必要がある『用事』(job) があるときに、顧客はそのために製品やサービスを『雇用する』(hire) という考え方を採用すべきだ。ゆえに企業は、自社の製品が『雇用される』目的となるような、顧客の生活における『用事』を理解する必要がある」(Anthony, et al., 2008＝栗原訳、2008、x頁〕)。

クリステンセンは、デモグラフィックなマーケティング分析に疑問を投げかける。自分が今朝、通勤途中に新聞を購入したのは、ある情報が知りたかったからであり、そのことと自分の年収、身長、性別、家族構成、趣味、学歴は関係ない。そういう統計データに注意力を奪われていたら、企業は市場のほんとうの需要を見損なうだろう。

「私たちが商品を買うということは基本的に、なんらかのジョブを片づけるために何かを『雇用』

するということだ」(Christensen, et al., 2019＝依田訳、２０１９、80頁])。

朝、新聞を買わなかった人は、別の方法で情報を入手している非消費者（non-consumers）である。この人たちは新聞ではなく既存の慣習でジョブを片づけていて、わざわざ新しい方法（製品・サービス）を「雇用」しなくてもいいと思っている。新聞を売りたければ、企業はまず非消費者の既存の慣習を「解雇」させなければならない。そのためには人がコスト（金銭的、心理的）よりもベネフィットのほうが大きいと思う必要がある。

行動経済学を援用しながら、人は今までの生活習慣を変えたくないものだと、クリステンセンは述べる。朝、テレビニュースを「雇用」して自分に必要な情報を得る人は、通勤途中ニューヨークタイムズを「雇用」しない。そういう非消費者に製品を購入させる方法はテレビを「解雇」させなければならない。しかしそのための金銭的出費、さらに今までの解決法を捨てて新しい生活習慣に切り替えることには心理的不安がともない、金銭的コストよりも未消費者を立ち止まらせる大きなコストになる。

顧客グループの分類

ジョブ理論に基づいて、クリステンセンは顧客（市場）を３つに分類する。図表５－７に示したように、非消費者（未消費者）は現在の市場に参加していない層である。この層は、購買力が不足して

図表５-７　クリステンセンの顧客グループ分類

	顧客グループ	指標	潜在的可能性
	非消費者	ある製品を、自分の持てる技量や財政事情のままでは、購入あるいは利用できない人たち	新たなマーケットの破壊的なイノベーション
既存顧客	満足度不足の顧客	ある製品を消費しているものの、その性能の限界に満足していない消費者。自分にとって重要な側面での性能向上に喜んで金を払う	持続的の金持ちマーケットのイノベーション ・システムを大規模に再構築するものは急進的、その他は漸進的イノベーション ・統合化されたチャンドラー型企業は両方のイノベーションに強い
既存顧客	満足度過剰の顧客	主流製品を使っているが、さらに高性能な改良製品には無関心で割増価格を払おうとしない	・ローエンドの破壊的イノベーション ・新しいイノベーション ・必要な技量の下方への移行

出所：「明日は誰のものか」2005年、67頁に「イノベーションへの解」第４章から加筆して作成。

いるか、製品やサービスの使い方がよくわからないと思っているため購入しない。したがって、製品価格が下がるか、製品の使い勝手をよくすれば購買行動をとる層である。

既存顧客は２つに分ける。既存製品に満足していない顧客、あるいは過剰に満足している顧客である。コア顧客のうちで既存製品の消費者ではあるがその性能には不満足な「満足度不足の顧客」は、製品の性能向上に喜んでお金を払う顧客層であり、漸進的なイノベーションが得意な既存企業にとって良い顧客である。その一方で、既存顧客にはコア製品の消費者であるが、その性能向上には割増価格を払いたくないと思っている層もある。こちらを「満足度過剰の顧客」と呼ぶ。この層は、既存製品より低価格な製品が出てきたときにすみやかにそちらに乗り換える、ローエンドの破壊型イノベーション製品にとっての潜在的顧客である。

このようにジョブ理論からみると顧客グループは潜在的に破壊的イノベーションを受容する範囲が広いことがわかる。

ジョブ理論の特徴は、顧客の効用ないし満足度を評価軸にして、製品・サービスをその代替可能な手段として考えるという、いわば教科書的な経済学的アプローチである。特にクリステンセンは、消費者のライフスタイルや価値観は漸進的にしか変化しないとみなしているから、現代の進化スピードが速いイノベーションは消費者に対して無限の代替品を選択する余地を与えると示唆している。消費者が商品選択権を持つモデルは、教科書的にはともかく、かつてのチャンドラーや特にガルブレイスの理論と対照的な考え方である。ガルブレイスの「依存効果」（Depend effect）では、大企業が広告宣伝によって消費者をマニピュレートし流行を作り出して、消費者は自主的な商品選択権を奪われた存在だった。現在では、消費者は大企業に対して選択上の優位を持つとみなされる。その背景にはＩＣＴ、インターネット、ＳＮＳのイノベーションがあることは言うまでもない。

医療のデジタル化市場について、デジタルインテンシティ（デジタル技術との折り合いのよさ）を基準にしてエルトンとオリオーダン（２０１７）はジョブ理論と同様の分類をしている。最もデジタル技術から遠い患者グループから最もデジタルを身近に使いこなしているグループまでを、図表５－８のように４層に分けてターゲティングすることができる。ここにおける潜在的可能性は、これからデジタル化を彼らが使いこなすことによる市場創造の可能性である。

図表5－8　デジタル医療の顧客グループ

顧客グループ	特徴	市場創出の潜在的可能性
伝統的な顧客	伝統的なチャネルでのやりとりに依存する	ただしこのグループにもアクセスログなどのデジタルの痕跡は残る
実験的な顧客	デジタルが提供する価値を求めて選択的に関与する	デジタル化によって自分の体験がどのように改善されるかどうかを見きわめる潜在的ニーズがある
過渡期の顧客	デジタルの良さを受け入れる	デジタルを幅広く利用しようとするが、常にそうできるとは限らない
デジタル通の顧客	最もデジタル色の濃いグループ。生活のあらゆる面にデジタル技術を採り入れる	モバイルアクセスやモバイルによるさまざまな体験を開拓すべき領域として認識する

出所：エルトン＆オリオーダン（2017）「ヘルスケア産業のデジタル経営革命」第8章から作成。

クリステンセンは、図表5－9のように医療における消費者（患者）の「ジョブ」を3つに分類した。「直感的医療」とはいわゆる難病のような、病気の原因と治療法がわかっていない病気の解決に関するものである。この場合、専門医が多くの種類の検査と診察から情報を得て、医師としての経験と知識によって「直感的」に治療する。専門医は「エリート中のエリート」（Christensen and Grossman, 2008＝山本・的場訳、2015、183頁）であり高度なスペシャリスト知識の塊である。その所属場所は大規模な「総合病院」であり、多分野のありとあらゆる専門医と専門検査機器がそろっている、機能が統合された組織でなければ「直感的医療」を行うことは難しい。このビジネスモデルを「ソリューションショップ型」の医療と呼ぶ。

対照的な医療「ジョブ」としては、パターンが決まっている簡単な眼科手術のように、比較的標準化さ

図表5-9 「ジョブ」課題としての米国医療ビジネスモデル

ビジネスモデル	「ジョブ」課題	人材・業務	機関
ソリューションショップ型	「直感的医療」構造化されていない問題を診断し解決する直観が価値を提供	専門医が、多種類の検査・診察から得た情報を、直観に基づき統合する	総合病院、専門的開業医による医療。「エリート中のエリートが集まる」(p.183) 機関
価値付加プロセス型	診断確定後の医療行為主にプロセスと医療設備が価値を提供	医療行為の多くは反復される、比較的標準化された一連の定型処理	眼科手術クリニック、簡易診療所。ソリューションショップ型と組織的に分離
ネットワーク促進型	顧客が他の参加者と何かを交換する場を提供する事業。上の2つは急性疾患への対処法。近年慢性疾患が急増	喘息、アレルギー、うつ病、糖尿病、高血圧などの慢性疾患治療に適する。著期間続く疾患への対処	WebMD（慢性疾患患者のネットワーク）

出所：クリステンセンほか「医療イノベーションの本質」山本雄士・的場匡亮訳、碩学舎、2015、59頁以下および176頁以下より作成。

れている定型処理を行う医療がある。主に簡易診療所で行われており、診断が確定した後のリハビリテーションなどのように、何をすればよいか明確で標準化された治療法が確立している。この場合、患者にとって重要なことは、「ゴッドハンド」のような名医が直感的に診断をしてくれることではなく、リハビリの設備がきちんと整った医療機関かどうかである。これをクリステンセンは「価値付加プロセス型」の医療と呼んでいる。

三番目に「ネットワーク促進型」医療がある。喘息や糖尿病などの慢性疾患治療のためのビジネスモデルであり、患者がWebMDという慢性疾患患者のネットワークを自主的に利用して情報を共有する仕組みである。

ジョブ理論を日本の医療に応用したのが図表5-10の医療ビジネスモデルである。米国

図表５－10　「ジョブ」課題としての日本医療ビジネスモデル

ビジネスモデル	「ジョブ」課題	人材・業務	機関
ソリューションショップ型	「直感的医療」発症に伴う疾患を特定し診断方針を決定する	専門医による、各種の検査から得た情報より疾患を特定する	高度急性期病院 特定機能病院 大学病院
価値付加プロセス型	確定診断後の医療行為プロセスと医療施設がサービスを提供	標準化された一連の医療行為	急性期医療病院 リハビリテーション病院 慢性期医療病院
ネットワーク促進型	患者どうしが他の参加者と様々な情報交換する場の提供	がん、難病治療などの治療に適する。 長期間続く疾患への対処	患者会 （疾患別、地域別）

出所：クリステンセン他「医療イノベーションの本質」山本雄士・的場匡亮訳、碩学舎、2015 をベースに羽田が作成。

と日本の医療制度は異なるので、その違いを反映している。ソリューションショップ型医療に相当するのは日本では高度急性期病院、特定機能病院、大学病院である。ここでは標準化されない高度な医療治療が、高度な専門医の直観（エビデンスに拠らないという意味ではなく、総合的な経験、数式化できない直観のこと）による医療が行われる。価値付加プロセス型には同じく急性期医療病院のほかにリハビリテーション病院と慢性期医療病院が相当する。ここではある程度標準化された医療行為がなされる。ネットワーク促進型には患者会が相当する。がんや難病などの長期間続く疾患の治療に適する、患者間の情報交換の場を提供する。

なお、クリステンセンのジョブ理論を医療行為に当てはめることに違和感があるという読者もいると思う。その点、エルトンとオリオーダン（２０１７）は、「クリステンセンのジョブ理論は医療分野にも当てはまるようになってきた」と述べ、違いがあるとすれば、「顧客（患者、医療機関、医療保険支払事業者）は製品（治療薬、医療機器、診断技術）だけでは用事（ないし仕事）を片づけられないことだ」（１８６頁）と論じている。

この「違い」が決定的に重要である。顧客は、例えば通勤するという「ジョブ」をより快適に片づけるために、自動車という製品を「雇う」し、より快適な暮らしのために新機能の掃除機に買い換える。それだけで「ジョブ」は片づくのが一般的な製品の場合である。ところが医療の場合は、医師や看護師や薬剤師あるいは家族のサポートがなければ「ジョブ」は片づかない。これが「違い」である。その意味で「健康に関して言えば、用事（アウトカムの最大化）をすませるには包括的で統合的なアプローチ」（エルトンとオリオーダン、２０１７、１８６頁）が不可欠なのである。

米国の場合、患者の87％は、自分の病気に関する情報、選択肢を入手したいというニーズが存在し、その入手先としてその63％が医療専門家を希望している（前掲書、１９４頁）。米国では徐々にデジタルチャネルからの情報を信頼する度合いが大きくなっているというが、日本ではどうであろうか。先に見たデジタルインテンシティと患者グループの分類を使えば、欧米と日本との相違は見えてくると思われる。特に北欧諸国のようにデジタル化が進んだ医療と今日の日本では、患者グループの価値観の相違は大きいはずである。

以上のようにクリステンセンによれば、アメリカの医療システムは「破壊」以前の段階にあり、重要な欠点を内在している。その最大の要因は、患者が解決したい「ジョブ」に即した組織構造に分かれていないからであるという。ジョブを解決するためには組織の資源とケイパビリティがフィットしていなければならない。その問題を次の節で考察しよう。

(3)　ＲＰＶ（組織能力の構成要素）理論

アメリカの総合病院は最高の専門医の集まりであり、多様な分野の機器インフラがそのスペシャリスト集団を支えている組織である。そのバリュー・プロポジションは「すべての人にあらゆる医療を」という統合的な目標である。しかしクリステンセンによれば、人的、物的資源を膨大に用意した総合病院は、医療サービスの差別化ができないし、患者には不満が残るだけである（クリステンセン「ビジネスモデル・イノベーションの原則」、２０１３、３０６頁）。「患者の利益のために、本当に全ての医療を直感的医療の領域に収めておく必要があるだろうか。ほとんどの技術は先へ先へと進んでおり、医療のビジネスモデルはこれに追いつく必要がある」（前掲書、15頁）という視点から、クリステンセンはアメリカの医療システムを批判した。

ただし、総合病院は統合化・組織化による経済性という原則からみると効率的な組織であり、すばらしくイノベーティブな構造でもあることは指摘しておく必要があろう。これについては後述のチャンドラー型企業についての説明を参照していただきたい。

さて、自らも闘病したクリステンセンは、患者目線から、アメリカの医療システムに上記の３つの

図表５－11　米国：ヘルスケア組織のデジタル化

従来のビジネスモデル	新世代ビジネスモデル
製品中心	アウトカム中心
医師中心	患者中心
スポットケア	トータルケア
↓	↓
・高齢化社会→慢性疾患の増加、医療の長期間化：予防・治療・リハビリ、予後 ・患者からはデータにアクセスできない：ペイシェント・ジャーニーにおけるデータ	・患者価値（最大限の健康） ・システム価値（適正コストでの有効な治療）

出所：J. エルトンと A. オリオーダン『ヘルスケア産業のデジタル経営革命』三木俊哉訳、日経 BP 社、2017、37 頁、図３。表下の定義は同書、191 頁、84 頁。

ビジネスモデル（「ジョブ」の課題を解決する方法）が混在していて、そのために高コスト構造に陥り、患者の不満もたまっていると考えていた。他の産業で起こったような破壊的イノベーションが医療においても可能ではないかと提案したのである。

まず破壊的イノベーションの最初の波として、クリステンセンは、異なるビジネスモデルごとに医療組織を分割し、患者の疾患（「ジョブ」）に即した事業体に分けることを提案した。その次に第二の波として、各ビジネスモデル内部で破壊的イノベーションが発生するようにすると論じた。たとえば医師が、検査結果の解釈、仮説構築、追加データの一連のプロセスに対してオンラインツールの支援を受けるようにする。この医療デジタル化によって「低コストのプライマリケア医が専門医たちの知識にアクセスできる」（前掲書、15頁）ようになれば、これは医療の「破壊」（同15頁）であると主張している。

図表５－12　RPV 理論

経営資源（Resources）	業務プロセス（Processes）	価値観（Value）
組織が売買・構築・破壊できるモノや資産	企業がインプットを製品・サービスに転換するために確立した業務パターン	組織が優先順位を決める順に参照する基準
・人材 ・テクノロジー ・製品 ・設備機器 ・情報 ・現金 ・ブランド ・流通	・採用とトレーニング ・製品開発 ・製造 ・計画立案と世さん作成 ・マーケティングリサーチ ・経営資源の配分	・コスト構造 ・損益計算書 ・顧客の要求 ・ビジネスチャンスの規模 ・倫理

出所：クリステンセン『明日は誰のものか』宮本喜一訳、ランダムハウス講談社、2005、25頁

アメリカの医療組織のデジタル化について、エルトンとオリオーダン（２０１７）は図表５－11のように従来のヘルスケア組織と比較している。一言でいえば、アメリカにおけるヘルスケア組織のデジタル化とは、長期間続いてきた、製品と医師が中心となって短期間の治療をするためのビジネスモデルから、新世代技術をベースにした患者とアウトカム中心の長期トータルケアのモデルへの転換を意味する。もちろんこのような転換が速やかに、何の摩擦もなく行われるとは想定できないことはアメリカでも日本でも同じであろう。さらにまた医療組織のケイパビリティが問題となることは明らかである。

こうして、一般事業だけでなくヘルスケア事業においても、イノベーションを受容したり生み出すことができる組織のケイパビリティが重要になる。それについてクリステンセンは、組織のケイパビリティ（能力）について、資源ベース論（Resource-Based View, RBV）の一連の研究をさらに発展させたいと述べて、ＲＢＶの研究

分野で広い意味で使われてきた組織能力という言葉を明確に定義した（クリステンセンとレイナー『イノベーションへの解』櫻井訳、2003、216頁）。そうすることによって、組織の能力と無能力をきちんと評価しようと試みたのである。彼は組織能力を3つの要素（RPV）に分解した。図表5－12に示したようにRPVとは「経営資源」、「業務プロセス」、「価値基準」を指している。

経営資源

経営資源ないし資源は、図表5－12にあるような具体的要素から成り立っている組織ケイパビリティの構成要素である。人材、テクノロジー、設備、現金のようなタンジブル・アセットから情報、ブランド、顧客との関係のようなインタンジブル・アセットまで含まれている。ただし資源の多くは有形であり測定可能であるため、組織間を移転することは困難ではない。通信用に開発された技術が医療に使われることがある。最も移転しやすい資源は資金である。人材もアメリカでは日本ほど移転が困難ではない。

人的資源について、クリステンセンは、マネジメント能力と直感はその人のキャリアにおける経験によって育成される（経験の学校説）をとりあげている。たとえば安定した家電メーカー事業部門という経験の学校が、ある人材のマネジメント能力と直感を鍛え、そのマネジャーは当該部門で上級の担当役員に昇進したとしよう。さて、この企業が振興事業に新規参入する際、その責任者としてこの担当役員が適任かどうかが問題であるとクリステンセンは述べている。適切なマネジャーを探し出すことは成功をもたらす組織能力に直結する。人的資源について、次のクリステンセンの指摘は重要である。

「安定企業が新事業を通じて成長を甦らせようとする際に直面するジレンマのうち、最も厄介なもののひとつは、社内の『経験の学校』が、破壊的事業の立ち上げ方を教えるような『科目』をほとんど提供していないということだ。したがって、中核事業で求められる成果を一貫してあげてきて、役員から絶大な信頼を得ているマネジャーには、色々な意味で新成長創出の先導役は任せられない」（クリステンセンとレイナー『イノベーションへの解』櫻井訳、２００３、２２４頁）。

業務プロセス

次に業務プロセスと組織ケイパビリティの関係についてみていこう。従業員は、資源のインプットを価値のある製品・サービスに転換する。その転換プロセスにおいて組織は価値を生み出す。クリステンセンは「組織がこのような変換を実現する、相互作用や連携、意思伝達、意思決定などのパターンがプロセスである」（前掲書、２２５頁）と定義する。この意味でのプロセスには規則で標準化された公式プロセスだけでなく、職場集団が慣行的に行ってきたルーティンや非公式プロセスも含まれる。公式・非公式プロセスの双方が組織文化を作り出す。資源ベース論でいうコア・コンピタンスもこの意味ではプロセスに含まれるとクリステンセンは述べている。

大切な点は、プロセスは特定の業務を処理するためにに作られるということである。したがって、組織が、安定産業で蓄積してきた洗練された業務プロセスは振興事業にはフィットしない場合がある。成熟事業の深化と振興事業の探索のテンションを考えるとき、物流や製造などの目に見えやすい付加価値プロセスよりもむしろ目に見えないプロセスこそ検討しなければならない。たとえばそれは事業への投資判断を裏方として支える「側面的援助プロセスや背景プロセス」（前掲書、２２７頁）である。市場調査の方法とその分析結果の解釈などの側面的援助プロセスは「破壊的な成長事業を生み出すための最も深刻な無能力」（同）をもたらすことが多いとクリステンセンは指摘する。

組織論のグレシャムの法則

こうして、プロセスは組織能力のコア要素の一つであり、それは従業員やマネジャーの業務の段取りそのものであることがわかる。ここで、マーチとサイモンの組織論のアカデミックな伝統の上に、クリステンセンが議論していることがわかる。組織論の古典『オーガニゼーションズ』（１９５８）でマーチとサイモンは、組織の中では「グレシャムの法則」が働くと述べた。すなわち、悪貨が良貨を駆逐するように、ルーティン化された問題解決の業務手続き（プログラム）はそれ以外の非プログラム活動を組織において駆逐するという法則である。サイモンは「比較的責任ある層の［組織］メンバーが従事する活動」について、それがどのようにして決まるかを論じた（March and Simon, 1993, p.206＝高橋訳、２０１４、２３０頁）。組織は環境から投入される不確実性のリスクを階層制によって軽減する。

マーチとサイモンの組織論を図式的に説明すれば、次のように表現できるだろう。階層制を組織の骨組みだとすれば、階層ごと、職場ごとに蓄積された過去の経験によって学習された業務処理のプログラムは組織の筋肉であり、骨組みと筋肉に情報という血液を流すことによって運営されているのが組織である。プログラムとは、日常のルーティン活動であり、条件反射的に、無意識のうちに組織メンバーが行う業務と意思決定である。組織が効率性を高めるのは、環境からの不確実性をプログラムの組み合わせによって削減しているからにほかならない。だからこそ官僚制は効率的な業務処理マシーンなのである。

この組織論から「グレシャムの法則」を考えると、責任層のマネジャーは高度にプログラム化された仕事（programmed tasks）は、締め切りが明確に決まっていて、達成目標が明確であるような場合はとくに、それ以外の非プログラム化課業（unprogrammed tasks）よりも優先させる（March and Simon, 1993, p.206＝高橋訳、２０１４、２３１頁）。その結果「既存プログラムの実行に組織資源すべてをせっせと使えば、どう考えても新プログラム創始過程は遅れ、止まる」（Ibid. p.208＝前掲訳書、２３２頁）。

クリステンセンの業務プロセス論はこのマーチとサイモンの議論の展開形である。クリステンセンは、「経営資源」が柔軟であるのと対照的に、プロセスは硬直的だとみなしている。なぜなら、プロセスは特定業務のために定められたルーティンであり「ある特定の業務を遂行する上では能力を示すプロセスが、それ以外の業務に適用されれば無能力を示すことになる」（クリステンセンとレイナー、２００３、２２６頁）からである。既存の業務で卓越した成果を出したマネジャーが、新規業務でも同様の成果が出せるかどうかは疑わしい。ましてクリステンセンが示唆するように、中核事業の絶頂期に「次の試合」を始めるマネジャーは、既存の業務プロセスを使って新規事業に取り組まざるを得ない（試合に勝ち続けている監督が、別の方法で新たな試合に臨むはずがない）ことは明らかであろう。

価値基準

組織ケイパビリティを決める第三の要因として価値基準がある。クリステンセンは、後にこの用語を優先順位という言葉で言い換えている。ここでいう価値基準（value）は、倫理的なミッションだけを指すものではなく、組織メンバーが仕事をする上で何を優先順位とするかという判断基準を指している。ある顧客層がどのくらい重要か、新製品の企画が魅力的かどうかなどの判断基準である（前掲書、２２８頁）。

この意味で、クリステンセンの「価値基準」は、経営者だけが対象となる戦略的な意思決定ではなく、あらゆる階層の従業員にかかわるものである。企業の規模が大きくなればなるほど、業務遂行のさまざまなレベルで優先順位が決定される。

「資源とプロセスが、組織に何ができるかを定義する成功因子であることが多いのに対し、価値基準はしばしば制約を表す。つまり価値基準は、組織ができないことを定義するのだ」（前掲書、229～230頁）。

クリステンセンの理論でいう価値基準ないし優先順位が「組織ができないことを定義する」という意味は、たとえば差別化戦略をとっている企業は一定水準以下の利益率の新規事業プランを最初から排除する価値観を備えているということであり、その価値観は公式でなくとも非公式（組織文化）である場合がある。反対に、コストリーダーシップ戦略の企業には差別化事業を排除する価値観がある。どちらの戦略で成功したにせよ共通しているジレンマは「成功のほろ苦い報酬の一つは、企業が大規模になるにつれ、小さな新興市場に参入する能力をすっかり失ってしまうこと」（前掲書、231頁）なのである。

クリステンセンは組織の規模をジレンマの決定的な要因とみており、「新成長事業を生み出す上で正真正銘の無能力の要因になる」（前掲書、232頁）と主張する。だからこそ小規模な組織に分離することを提案したのである。

以上のように、RPVの三要素がジレンマを内在していることが示された。こうしてみるとクリステンセンのいうRPVは、近代企業の組織モデルそのものが持つ本質的なジレンマではないかと思われる。そもそもイノベーションと資源配分からみたとき、組織は市場とは異なる補完的なメカニズムであり、クリステンセン理論の特にプロセスの部分は組織のメカニズムそのものと言えよう。以下では、経営学の原点ともいうべき組織と戦略について考察しよう。

4　戦略形成と近代企業モデル

(1)　戦略形成

医療機関にせよ一般企業にせよ、継続的な組織活動が行われているところでは、戦略が形成されて組織メンバーはその実行に日々勤しんでいる。経営学が前提とする組織は以下のような特徴を持っている。

(1)　複数の個人および部門がそれぞれの専門的機能にわかれて分業している
(2)　各専門的機能の分業は階層制組織の共通目的に向けて統合されてはじめて成果となる
(3)　業務規模が拡大し、複雑化すると、分業と統合という組織に特有のプロセスを担うための職能としてマネジメントが発達し、専門職として成立した

クリステンセンや「両利き経営」のオライリーとタッシュマンを含めて経営戦略論の理論的前提はこの近代企業モデルにある。クリステンセンの「業務プロセス」と「価値基準」は直接的にマネジメ

図表５－13　戦略が定義され実行されるプロセス

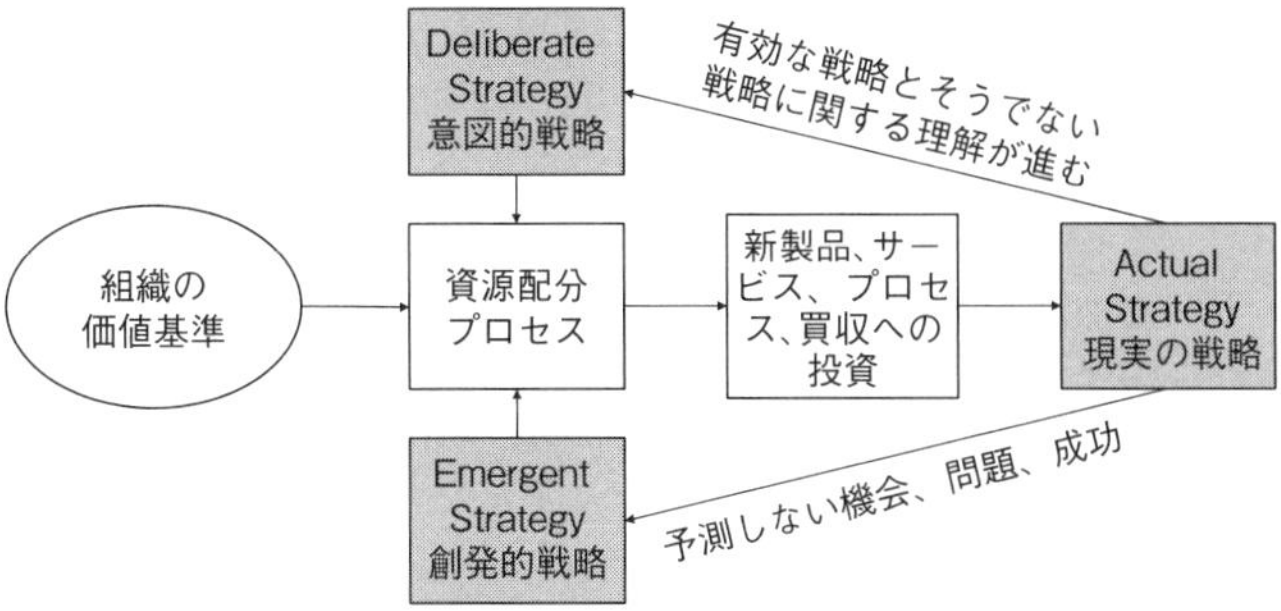

出所：Christensen and Raynor, 2003, p.215.（櫻井訳、259頁）

ント機能と関連する。マネジメント機能の独立と階層制組織によるオペレーションは近代企業の根本的な特徴のひとつである（Chandler, 1962）。チャンドラーは、単なる経営史研究のみならず経済学（取引コスト論）や経営戦略論および組織論に影響を与えている。

クリステンセンが戦略形成プロセスを論じた際、意図的戦略と創発戦略は「プロセス」のなかで組み合わされると述べた。これはもちろん「計画か創発か」というミンツバーグ以来の議論に一つの結論を提示した意味があるだけでなく、破壊的イノベーション問題を解決するための方策を示したのであった。意図的戦略の策定は、クリステンセンによれば、意識的かつ分析的であり、市場成長率や顧客ニーズあるいは技術曲線などのデータを徹底的に分析してなされる、トップダウンのプロセスをとる（図表５－13参照）。それとは対照的に、創発戦略は組織内部すなわち中間管理職や営業部員あるいはエンジニア等からボトムアップに湧き上がってくるものである。ミンツバーグは創発戦略を庭に自然に生える芝のパターンにたとえているが、まさに組織メンバーがルーティンにおいて積み重ねてきた業務の優先順位に関する日常的な戦術的意思決定の積み重ねのことである。

創発戦略は、トップダウンの意図的戦略が予測できなかった現場の問題やビジネスチャンスに対して、現場のマネジャーが臨機応変に対処した結果であるとクリステンセンは解釈する。したがって、環境の予測可能性が小さくなればなるほど創発的に戦略を策定することが望ましい。また、意図的であれ創発的であれ、組織の資源配分プロセスに方向を与え強力に推し進めるのは組織の価値基準である（図表５－13参照）。

組織が成長し業務プロセスが洗練されていくと、戦略は決まりきったプロセスで策定され実行されるようになる。大規模組織の経営者は、たとえ創業者といえども個別の戦略策定プロセスに介入する余裕はなくなっていく。経営者は組織が業務プロセスを効率的に進めるかどうかを統制し、調整と評価を行うようになる。経営者と組織プロセスが分業する究極の理念型は官僚制モデルである（Weber, 1922；鈴木、１９９３）。官僚制は、いわば効率的な業務遂行のモデルであり、規模が大きくなった組織は官僚制化を避けることはできない。クリステンセンは、企業の組織プロセスの官僚制化と経営者の機能のバランスについて次のように警告している。

「組織内のプロセスが精緻化され有効性を増すと、経営トップが関心を払わずとも順調に進行するようになるため、経営者はプロセスから解放され、事業の標準的ではない側面に神経を使うようになる。だが、戦略策定プロセスを自動操縦で運転するのは危険だ」（クリステンセンとレイナー、2003、280頁）。

大企業の戦略策定プロセスが官僚制化されること、つまり自動操縦で運転されるとなぜ「危険」なのだろうか。これを理解することが「イノベーションのジレンマ」と組織の関係を知る手がかりになる。既存大企業の経営者には、意図的戦略と創発戦略をタイミングよく組み合わせて使いこなす能力が求められるが、「意図的あるいは創発的な方向からやってくる機会や問題の流れを制御バルブをひねるように出したり止めたりすることはできない」（前掲書、280頁）ため、経営者が組織プロセスにいつ、どのような介入を行うかの判断は難しい。さらにまた、経営者は事業がうまくいくと「成功した戦略を意図的に実行したという部分だけしか覚えていないことも多い。そして、成功した戦略を見出した創発的戦略プロセスに関する記憶を失い」（前掲書、281頁）、次の事業には意図的戦略だけをセットして立ち向かうことになる。いわば経営者は、自動操縦の組織を運転するのではなくただ乗せられているだけになり、「成功の罠」に陥るのである。

では、「自動操縦」を導く意図的戦略ないし経営計画と官僚制組織の意義はどこにあるのだろうか。クリステンセンは「総合病院」型の医療を「破壊」することが必要だと主張したが、複数の機能を統合して規模の経済を活かす総合病院の組織形態が発達したことの背景にはどのようなメリットがあったのだろうか。メリットを分析せずにそのデメリットを訂正することはできないはずである。ここでわれわれは20世紀、近代企業がどのようにして統合されてきたのかを分析した経営史の大家チャンドラーの分析をみておく必要がある。

(2) チャンドラーの企業モデル

チャンドラー流に言えば、元来の形態では、組織（企業）は単一の機能しか持っていない存在だった。地理的には狭い範囲でビジネスを営み、商品の製造や卸や小売りなどの単一職能のビジネスを、たいていは創業者の商売人としての寿命と同じだけの期間、運営した。商品の価格は市場が決めた。生産者は差別化製品を持たない多数のプライステイカーのひとりにすぎず、つねに厳しい市場競争にさらされていた。これをチャンドラーは、文明の歴史とともに古い組織形態である伝統的企業（traditional firm）モデルと呼んだ。それはまさにアダム・スミスの資本主義モデルである。古典的な経済学理論では、市場競争は経済活動の基盤であり、アダム・スミスは、個人の利己的欲求が市場メカニズムによって自動的に調整されると述べた。しかし20世紀の経営資本主義においては、市場は大企業経営者によって制御される可能性が出てきた。

アダム・スミスは、市場機構を「神の見えざる手」（The invisible hand）と呼んだ。生産者は各自が自分の利益のためにビジネスに精を出すが、結果として安くておいしいパンと、安くてじょうぶな靴が生産されて、社会全体の厚生が高まる。生産者は社会のために商売をしているのではないが、分業と競争の結果として社会の厚生に寄与することになる。利己的な市場競争は、結果的には社会全体の厚生に寄与するというのがアダム・スミスの資本主義論だった。

この場合前提となっている伝統的企業（チャンドラー）は規模も小さく、商圏も狭いことが一般的であり、創業者の寿命とともにビジネスをやめるか、同族に継承するほかないが、息子や親戚のビジネススキルが創業者と同じように顧客に受け入れられるとは限らない。そのため多くの伝統的企業が創業者と運命をともにした。伝統的企業は相対的に短命であったために、長期的計画を策定することはなかったのである。

この段階の企業には、創発戦略しか存在しなかったと言えるだろう。しかも文字どおりの試行錯誤、場当たり的なという意味の創発である。工場や店舗で偶発的なことが発生した、さて明日までになんとか処理しなければならないが、どうしたものか、みんなで知恵を絞ろう、というレベルの「計画」以前の創発活動が、この伝統的企業の日常的な風景であったことは想像できる。このような組織は、経営者が日々のルーティン業務に埋没しているために、長期的な環境変化を見逃してしまう。突発的な環境変化に対して戦略的な備えがないことが伝統的企業にとって致命的である。

伝統的企業とは対照的に、20世紀初頭、新しい技術に対応する大規模な企業が登場した。それは、大量生産・大量流通・大量販売システムを土台に成立した大規模な株式会社組織であり、その特徴は次のようなものであった。

(1)　広範に分散した株式所有者は、マネジメントに関与する機会はほとんどなくなり、「所有と経営の分離」が起こった。

(2) その際、新しく登場した階層であるミドルとトップ・マネジメントが専門職として経営を担った。

(3) 企業は大規模で階層的な官僚制組織になった。大企業同士の合併と再編そして垂直統合へという戦略の推進によって、俸給による管理者と経営者がマネジメントする「経営者企業」(managerial firm)が生まれた。経営者企業がそれまでの伝統的企業すなわち「企業者企業」(entrepreneurial firm)と区別されるのは、企業が同族所有者ではなく「常勤の俸給管理者」(full-time salaried executives)によって経営管理されていたということである(Chandler, 1977, p.415＝鳥羽ほか訳、下、７２０頁)。

例えばゼネラル・エレクトリック(ＧＥ)は、１８８０年代には企業者企業モデルに属したが、20世紀初めには、トップの俸給経営者と経営委員会が中央本社にいる多数の財務等のスタッフ部門から情報を得て戦略決定を行った。合併と再編それに続く垂直統合の戦略を推進するために、ＧＥは組織を中央集権化し、官僚的企業に成長したのである。その理由は、大規模になり複雑化する業務を効率的に統制し調整する必要があったからであり、その機能を担ったのが階層組織とそれをマネジメントする俸給管理者だったのである。

とりわけ経営者をルーティン業務から解放して長期的な意思決定にその時間を割くことが、巨大な固定費産業の成立とともに重要な戦略課題になった(Chandler, 1962)。現場的な視野から10年以上先の市場と技術を見据えた資産配分とその資産を使いこなす組織能力が、企業に求められるようになったのである。そこで長期的な「計画」が業務的ルーティンよりも優先され、中央本社が事業部の現場よりも優先されるトップダウンの経営戦略策定プロセスおよび組織構造が必要となったのである。

チャンドラーの統合企業モデルでは、長期と短期のマネジメント層は次のように明確に区分されている（Chandler, 1962, pp.11–12）。

・企業家（entrepreneurs）：現代の企業によって組織化された資本主義のなかで決定的に重要な役割を担う層であり、大規模企業の資源配分を決定する企業のキーマンである。経営戦略の策定において企業家は戦略的意思決定（strategic decision）――企業の長期的な健全性（long-term health）に関する判断――を行う。

・管理者（managers）：対照的な役割を担うのが戦術的意思決定（tactical decision）――日常的な業務（day-to-day activities）を能率的に行うために資金、設備、人材などの資源を配置し再編するための判断――を行う管理者層である。管理者はいわば現場に割り当てられた現業的（operating）な決定と行動の担い手である。

この2つの類型化によってチャンドラーが意図したことは、企業の経営者が戦術的な意思決定に埋没してしまうことのリスクを示唆することであった。「多くの企業体で、経営資源の割当に責任をもっている幹部たちが、日常の業務にとらわれすぎて、企業の長期的な体質に影響を及ぼす市場や、技術や、供給源その他の要素の変動に、まるで注意をしないということがよくある」（Chandler,

1962, p.12＝三菱研究所訳、1967、27頁）と指摘したチャンドラーは、企業家としての役割を果たさない経営者は「新しい状況や問題や危機が起こるたびに、場当たり的（ad hoc way）にこれに対処してゆく」（同）にすぎず、そういう経営者は長期的計画、評価、調整という企業家としての役割を犠牲にして、管理者と同じレベルで短期的活動に専念してしまっていると批判している。

チャンドラーの示唆をわれわれの議論に直してみると、そもそも創発戦略や行動は小規模な伝統的企業の時代から存在したことがわかる。そして20世紀の経済成長を支えた統合化された階層制企業は、創発的な行動をとる複数の小企業が集合しただけのものではなく、中央集権化された、企業家的な長期戦略と管理者的な業務戦略という2つのマネジメントによって統合され、管理された組織であった。この2つのマネジメントの統合から、長期的な資源配分と短期的な現業活動が同時に、効率的に行われてきた。研究開発から製造、販売、アフターサービスまでの機能を内部化し、統合した大企業が現代資本主義のインフラとなり、そこから規模と範囲の経済を享受する「豊かな社会」がもたらされた。繰り返しになるが、その際キーファクターとなったのは、長期的戦略（企業家）と現業の効率化（管理者）の2つの異なるマネジメントの統合化だった。

クリステンセンが考察した米国の総合病院モデルも、20世紀型の複数の機能が内部化され「垂直統合」された組織であり、医療における研究開発から治療までを一貫して担うチャンドラーモデルに属する。もともと小規模に機能別に分散されていた医療組織が、技術的あるいは資金的な基盤を獲得して統合されたはずである。そこには総合病院でなければなしえなかった高度の研究開発や治療が数多く存在するはずであり、クリステンセン流の「破壊」モデルに分割することで機能不全に陥るリスクは少なくない。もちろん医療においても意図的戦略と創発戦略の分離は必要な場合があるが、分離することで統合化組織によるイノベーション能力をどれくらい失うのだろうか。問題はその分離の仕方にあろうと思われる。

(3) ビジネス・エコシステムと組織のデジタル化

前述のチャンドラー型モデルは、20世紀の大量生産経済のインフラとなった企業組織である。その組織は、規模と範囲の経済性、補完性（complementarity）、イノベーション志向の程度などによってデザインされる。その本質である調整（コーディネーション・システム）の機能は、情報の不完全性によって脆弱（brittle）になる（Milgrom and Roberts, 1992, p.94）。例えばフォード自動車の大規模工場を考えてみよう。自動車を製造するとき、工業内の複数の専門知識・専門スキルが相互にタイミングよく調整されなければ工場は回らない。こうした補完性をコーディネートする組織能力こそ、大企業の垂直統合型モデルに長期繁栄をもたらした要因である。

しかしながら20世紀末になると、このクローズドなシステムは陳腐化してきた。ハーバード・ビジネススクールで技術戦略論を教えているマルコ・イアンシティとロイ・レビーンは、20世紀後半、法的環境およびマネジメント的ないし技術的能力の変化によって、垂直統合と膨大な資産を所有する巨人（チャンドラー型大企業）の競争優位に徐々に陰りが見え始めたと述べている。かつては組織内部に希少な資産と能力を所有することが企業の競争優位の源泉となった。今では、自動車からファストフードやファッションまであらゆる産業でオープンなビジネスネットワークが発達した。イアンシティとレビーン（２００４）によれば、特に１９９５年以降はこうしたサプライヤー・ネットワークの分散化が急増したという。これはインターネットというインフラの影響を指している。フォードやバーガーキングはビジネス・エコシステムのハブないし「キーストーン」になったのである。こうして「戦略は次第に、持たざる資産を活用する技術へ変化しつつある」（Iansiti and Levien, 2004, p.1＝杉本訳、２００７、１頁）と彼が指摘したのが、２００４年であり、今日ではさらにビジネス・エコシステムはグローバルにそして深く進化している（鈴木・デイビス・佐々木、２０１９；Davis, Suzuki and Sasaki, 2019）。

ビジネス・エコシステムは文字通り「生態系」であり、巨木が過度に繁栄すると地面に光が届かなくなり背の低い植物から死んでいく。そして巨木も存続することができなくなる。森という共同資産によって、それぞれの生物植物が共存して繁栄するシステムである。チャンドラーモデルの時代には、大企業はサプライチェーンに対して「ホールドアップ問題」などで知られるように圧倒的な支配力があった。今日のビジネス・エコシステムは参加者が「待たざる資産」を共進化させることによって、プラットフォーム全体のグレードアップと競争力を維持している相互共存の世界である。ここではハブとなるキーストーン企業は参加企業の「結びつきを管理・規制したり、他のネットワークメンバーが依存できるような安定的で予見可能なプラットフォームを構築する」（Iansiti and Levien, 2004, p.9＝杉本訳、２００７、13頁）という役割を担う。つまり「エコシステムの健全性（ecosystem health）」（前掲書）をキープするのが今日のハブ企業の競争優位の源泉になる。これがＧＡＦＡの時代の産業構造でありビジネスモデルなのである。

ダイナミック・ケイパビリティ戦略論もこれについて重視していて、「規模と範囲の経済という『至上命題』は補完投資の発展（または促進）および共特化利益（cospecialization benefits）の獲得を軸とした異なる至上命題に取って代わられた」（Teece, 2007, p.1332＝谷口ほか訳、２０１３、31頁）と指摘した。たとえば半導体委託製造業者の例をあげて、ファブレスの半導体デザイナーは製造を行わなくても規模の経済を獲得すると述べている。ティースによれば、ビジネス・エコシステムの競争では、「規模の経済は専有されないし、持続的な差別化の要因ともなりにくい」という新しい経営環境のなかで補完資産と「共特化戦略（enterprise strategy of cospecialization）」の重みが増してきている（Teece, 2007, p.1332.）。

このような新しい産業構造・技術環境を前提として、この20年間、垂直統合から水平協業へ、クローズドな企業集団からオープンなビジネス・エコシステムへというシフトが起こったことはわれわれの記憶に新しい。この環境に適応した企業、産業、国もあれば、不適応のまま伝統的ビジネスモデルに固執した者もあった。ＩＴ産業のように「見える手」（チャンドラー）から「消える手」（Langlois, 2003）に完全にシフトした業界もある。

さて、医療に関しては供給側と需要側の情報の非対称性が比類なく高いなど特殊要因が存在するため、他の産業のような急激なデジタル変革は起こらないというのが通説である。特に患者に対する医師の決定力が大きい日本では、デジタル変革は進みにくい。しかし、多くのデジタル研究者が指摘するように、アマゾンが本の通販を始めたときもここまで成功すると予測した者はいなかったし、タクシー業界や宿泊業界も既存企業は「破壊」されたというのも事実である。これからデジタル化が浸透すると、既存大企業のビジネスモデル（チャンドラー型）はその存在意義を失っていくのだろうか。そして同じことはやがてヘルスケア分野にもおこる潜在的可能性があるのだろうか。

たとえ医療のような各国の規制が強い分野であってもデジタル化の力のほうが強いという説もある。「これまで当局の規制に守られてきた産業についても安心はできない。新興企業、特に海外のIT企業は消費者らを味方につけ、規制をモノともしない。規制当局も、安全性が確保でき、消費者が利便性を感じて一定の市民権を獲得したサービスについては、重い腰を上げざるを得ない」（ベイカレント・コンサルティング、２０１６、19頁）という主張もある。日本の医療のデジタル化に関するこの問いに正解を出すことは困難である。われわれはひとつの解答例を見ておくことにとどめよう。

デジタル化と企業の本質

『機械との競争』（２０１３）で著名なＭＩＴのマカフィーとブリニョルフソンが『プラットフォームの経済学』（２０１８）という面白い本を書いた。その中で彼らは、Uber や Airbnb や

Facebook、Apple、Google などの破壊力を解説して、機械そのものの幾何級数的な能力進化だけでなくプラットフォームとクラウドの既存企業に対する絶大な競争力を明らかにした。興味深いのは、彼らがロナルド・コースの「企業の本質」に立ちかえって議論していることである。市場シェアの大きさが商品の成功度を測る尺度であるならば、市場に対して組織があらゆるところに浸透して経営者たちの「見える手」が経済を動かしている現代においては、「市場そのものがこの「市場シェアという」テストに落第ではないか」（McAfee and Brynjolfsson, 2017 = 村井訳、２０１８、４５８頁）とジョークをまじえて論じている。取引コスト論が示したように、検索費用、交渉費用、契約費用、監視費用のコスト（取引コスト）の観点から見て組織は市場より優れた制度である場合がある。企業は取引コストを市場より抑えることができたからこそ、現代経済の主役になり得たのであった。

ところが、デジタル技術は取引コストを大幅に引き下げると想定された。組織は市場に代替されていくだろうと予想されたわけである。ある意味で、つまりオープン・イノベーションの展開をみると特定の産業ではそれは正しかった。しかしすべての市場で組織つまりチャンドラー型の統合化モデルが水平分業に取って代わられたわけではないし、「現実に起きているのは、大企業への集中だ。多くの産業で、売上高も利益も一握りの大企業に流れ込むようになっている」（前掲書、４６１頁）。

この理由について、彼らの説明はわれわれの考察にとって重要である。市場は生産コストを押し下げるが、組織は調整コスト（前述のようにこれこそチャンドラーが重視した近代企業の本質である）を押し下げる。デジタル技術は、安価な通信ネットワーク、コミュニケーションの即時性、複製コストゼロなど、調整コストを削減する。その結果、市場のコスト優位性は相対的に高まり、市場はもっと活用されるようになる。アウトソーシング、フリーランス人材活用など「企業のアンバンドリング」が増大したのはその結果である。

しかしながら、企業（組織）はますます支配力を強化しているのも事実であると彼らは説明する。それは不完備契約と残余コントロール権の問題から由来するという。予測できない事態が起こったときに、分権化されている市場制度には解決できる術がない。市場には「不完備が重大問題化したときに、乗り出してきて万事を取り仕切る権限を持つ所有権も存在しない」（前掲書、469頁）からである。

企業は、その反対に、恒久的に存在すると想定された（ゴーイング・コンサーン）制度であり、長期投資や長期プロジェクトを実行することに向いている制度である。その行動は規則と階層制による機械のような官僚制組織に成長すればするほどステークホルダーから見れば予測可能性が高い。20年間かかる建設や40年かかる研究開発などの長期プロジェクトを実行する間には何が起こるか分からないが、大切なことは「企業は、契約に明示されていないすべての決定権を経営陣に与えるという形で解決している……企業が存在する大きな理由は、完備契約を書くことが不可能だからである」（前掲書、470頁）。

以上のような理由から、デジタル化が発達しても組織という制度はなくならないどころかむしろ集中してその調整能力を高める必要がある。同様に、チャンドラーが新しい階層として注目した経営層と管理層、いわゆるマネジャー層もデジタル化によってお役御免にはならないのである。それどころか近年、ますます複雑化する調整のためにマネジャー層のソーシャルスキルに対する需要は高まっている（Deming, 2017：マカフィーとブリニョルフソン、２０１８）。

マカフィーとブリニョルフソンは、宿泊業界のデジタル化を例にあげて、「Airbnb」が破壊したのは低価格帯のサービスだけで、高級ホテルの顧客は誰も使おうとしなかったといっている。デジタルがすべての業界を、そしてすべての戦略グループを「破壊」できるわけではないというのが彼らの結論である。そうであるならば、医療も、クリステンセンが分類した３つのビジネスモデルのうちのすべてがデジタル化によって揺らぐわけではないと推測できる。差別化された医療サービスは、他の戦略グループのデジタル化によって競争優位性を増す可能性があろう。

医療のデジタル化が進む今日、デジタル化は組織を「破壊」するという主張の限界は上に見たとおりである。むしろ日本の課題は、統合型の組織能力（深化）を活かしながら新型コロナ関連の創薬とデジタル化を含めた医療体制を新設する（探索）ことにある。この文脈でクリステンセンの分離案を批判したのがオライリーとタッシュマンの「両利き組織」モデルである。

コラム４：DXの定義

デジタル技術を活用する新規参入企業が既存企業を脅かすようになると、デジタル化が企業の経営課題として認識されるようになった。[1] ビジネスの観点でデジタル化を考えるときデジタルトランスフォーメーション、略してＤＸと呼ぶことが多い。しかし、ＤＸの定義は、現在でも厳密には一致したものが存在しない。[2] いくつかの定義を見ることで、ＤＸを巡る論点を確認してみたい。

日本における最も知られたＤＸの定義は、２０１７年末に発表された IDC Japan の定義であろう。この定義は、２０１８年９月に経済産業省が発表した「ＤＸレポート」[3]に採用され、さらに「世界最先端デジタル国家創造宣言・官民データ活用推進基本計画」[4]（２０２０年７月17日閣議決定）でも引用されている。

この定義ではＤＸを「企業が外部エコシステム（顧客、市場）の破壊的な変化に対応しつつ、内部エコシステム（組織、文化、従業員）の変革を牽引しながら、第３のプラットフォーム（クラウド、モビリティ、ビッグデータ／アナリティクス、ソーシャル技術）を利用して、新しい製品やサービス、新しいビジネスモデルを通して、ネットとリアルの両面での顧客エクスペリエンスの変革を図ることで価値を創出し、競争上の優位性を確立すること」としている。[5]

デジタル化については、何をデジタル化するか、どのような価値を実現するか、どのように推進するかといった論点があるが、この定義では、日本におけるデジタル化の遅れを取り戻さなければという意図から、これらの要素が全て取り入れられているように思える。

「ＤＸレポート」に続いて取りまとめられた「デジタルトランスフォーメーションを推進するためのガイドライン」、通称「ＤＸ推進ガイドライン」[6]では、これを多少簡潔にし、「企業がビジネス環境の激しい変化に対応し、データとデジタル技術を活用して、顧客や社会のニーズを基に、製品やサービス、ビジネスモデルを変革するとともに、業務そのものや、組織、プロセス、企業文化・風土を変革し、競

図　デジタル化の３段階

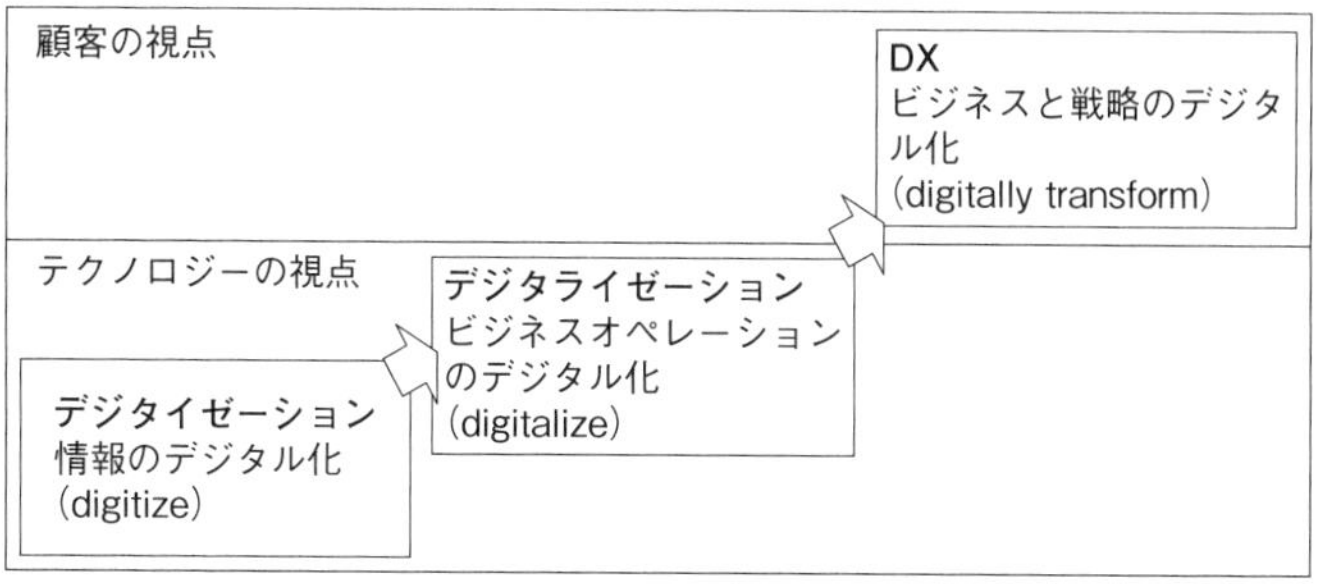

出所：Jason Bloomberg 2018 をもとに筆者作成

争上の優位性を確立すること。」と定義しなおしている。ここでも、顧客指向、組織変革がポイントになっている。

同じ頃、米国では、ＤＸをめぐる様々な論説が混乱を招いているとして、論点の整理が行われた。２０１８年４月に発表されたJason Bloombergの論文[7]では、デジタル化を３段階に分け、それぞれ、デジタイゼーション：情報のデジタル化(digitize)、デジタライゼーション：ビジネスプロセスと役割のデジタル化(digitalize)、ＤＸ：ビジネスと戦略のデジタル化(digitally transform)としている。そして、デジタイゼーション、デジタライゼーションとＤＸは質的に異なるものとし、前者は本質的にテクノロジーに関するものであるのに対して、後者は顧客に関するもの、横断的な組織変更とデジタルテクノロジーの実装を必要とする顧客主導の戦略的ビジネス変革であると強調している。

デジタル化を３段階に分ける捉え方は、その後、日本でも広がり、２０２０年12月に公表された「ＤＸレポート２[8]」では、ＤＸの構造として、デジタイゼーション：アナログ・物理データのデジタルデータ化、デジタライゼーション：個別の業務・製造プロセスのデジタル化、デジタルトランスフォーメーション：組織横断／全体の業務・製造プロセスのデジタル化、〝顧客起点の価値創出〟のための事業やビジネスモデルの変革とするフレームワークが示された。ここでは、第三段階として、個別業務から組織横断という業務や組織の広がりという観点が加わっている。

その他にも幾つかの立場から3段階にステップ分けする定義が公開されているが、1段階目のデータのデジタル化、2段階目のプロセスのデジタル化はほぼ共通であるものの、3段階目のデジタル化の対象は統一的なものにはなっていない。これは、ビジネス自体をデジタル化するということが理解しにくいことの裏返しといえるだろう。

デジタル化により成立したサイバー空間では、フィジカル空間での従来のルールが通用しなくなった。Amazon はサイバー空間を活用することで小売りの常識を変えた。Uber もサイバー空間を通じて運転者と乗客をマッチングすることで taxi の常識を変えた。このように、フィジカル空間の威力や価値を発揮できるビジネスの仕方に自社のコアビジネスを置き換えることが第三段階のデジタル化と言えるのではないだろうか。

さて、医療のＤＸはどのようにとらえたら良いだろうか。ＤＸの便益をうける対象＝顧客に注目すれば、医療のＤＸは、患者にとってのＤＸと医療従事者にとってのＤＸという2つを考えることができる。患者のＤＸでは、第一段階の医療データのデジタル化、第二段階の診療プロセスのデジタル化によって医療の質の向上や医療にかかる費用の軽減が期待できる。また、医療従事者のＤＸでは、同様に医療従事者の負担の軽減や医療の担い手不足への対策が期待できる。では、第三段階はどうだろうか。医療は現実の人間の身体が対象であり、ビジネス的でない要素も多い。デジタル化の対象は他の業種ほど単純ではなく、社会全体の変革という点がより重要になってくるのではないだろうか。

２０２１年に公表された「DX白書２０２１」[9]によれば、日本でのDXは思うように進んでいない。DXは新たな価値創造を目指すものであり、「両利きの経営」でいうところの「探索」と重なるものといえる。DXを巡って、今、「探索」する能力が問われているのである。

（平鹿一久）

［注］

（1）総務省「デジタルトランスフォーメーションによる経済へのインパクトに関する調査研究報告書」２０２１年3月、12頁
（2）総務省『情報通信白書（令和3年版）』、79頁
（3）https://www.meti.go.jp/shingikai/mono_info_service/digital_transformation/pdf/20180907_03.pdf
（4）https://www.kantei.go.jp/jp/singi/it2/kettei/pdf/20200717/siryou1.pdf
（5）IDC Japan, Japan IT Market 2018 Top 10 Predictions: デジタルネイティブ企業への変革、２０１７年12月
（6）https://www.meti.go.jp/press/2018/12/20181212004/20181212004－1.pdf
（7）https://www.forbes.com/sites/jasonbloomberg/2018/04/29/digitization-digitalization-and-digital-transformation-confuse-them-at-your-peril/?sh=72cdd4772f2c
（8）https://www.meti.go.jp/press/2020/12/20201228004/20201228004-2.pdf
（9）https://www.ipa.go.jp/files/000093699.pdf

5　両利き組織モデル

両利き（ambidexterity）の経営とは、漸進的進化と革命的変化の両方に適応する戦略論であり、クリステンセンが「持続的」と「破壊的」と表現したトレードオフ関係にあるイノベーションをクリステンセンが提案したような別組織には分離せずに、既存資源と能力を新規事業に活用して行おうとする経営である。ビジネス的にいえば、現在のドル箱事業で利益を上げながら、将来の環境変化に備えて投資をするという当然の主張に思えるかもしれない。実際に、両利き経営を「当社ではもうすでにやっています」という誤解をするマネジャーもいるのではないだろうか。

しかしながら両利き戦略は思いつきの理論ではなく、その背景には、製品アーキテクチャー論（Henderson and Clark, 1990）や組織学習論（March, 1991; Levinthal and March, 1993）および進化経営論（Burgelman, 1991）やリーダーシップ論（Kotter, 1990）などの既存研究の潮流が存在する。オライリーとタッシュマンの両利き戦略論は、とりわけクリステンセンのイノベーションのジレンマ論への批判的視座を持っている。組織学習論が明らかにしたような深化（exploitation）と探索（exploration）のトレードオフは、クリステンセンのイノベーションのジレンマ論に取り入れられた。そしてイノベーションのジレンマのトレードオフは「両利き」戦略の出発点であり、「深化と探索のテンション」はむしろ乗りこえられるべき目標になっている。[1]

両利きの組織論（Tushman and O'Reilly, 1996）は、彼らの「整合性」組織と戦略の研究をベースにした理論である。トップジャーナルに掲載された両利きをメインテーマにした論文は、２００５年頃から急増した（Birkinshaw and Gupta, 2013）。その応用範囲は広く、経営戦略から技術戦略、新製品開発、人材論などに適応された（Junni et al., 2015：石田・黒澤、２０１７：Fourne et al., 2019）。本章では両利き戦略を一つの組織内において、トレードオフ関係にある複数の事業を同時にマネジメントすることと定義しておこう。

「両利きの組織：進化的変化と革命的変化をマネジメントする」（Tushman and O'Reilly, 1996）は『カリフォルニア・マネジメントレビュー』らしくビジネスの事例が満載された読みやすい論文であり、実務家から多くの関心が寄せられてきた。しかし、両利きの概念は、アメリカ経営学会の誌上シンポジウムでバーキンショーとグプタ（２０１３）が述べたようにむしろアカデミックな世界の用語である。その背景には、企業は何のために存在するのか（企業の本質についての問い）、という取引コスト理論や資源ベース論の問題提起があり、その答えとしてバーキンショーとグプタは「市場にできないことを企業はする」（Birkinshaw and Gupta, 2013, p.290）という企業本質論の要約とも言える定義をした。この議論の延長線上に両利きの概念は位置づけられる。すなわち資源と能力の配置を短期的に最適化することと長期的に最適化することはトレードオフであり、両利きとはこのトレードオフをバランスすることである。その意味で、彼らが言うように、両利きとは深化と探索を調整する特殊な組織能力（organization's capacity）を意味する。

図表5－14　両利き（ambidexterity）の定義

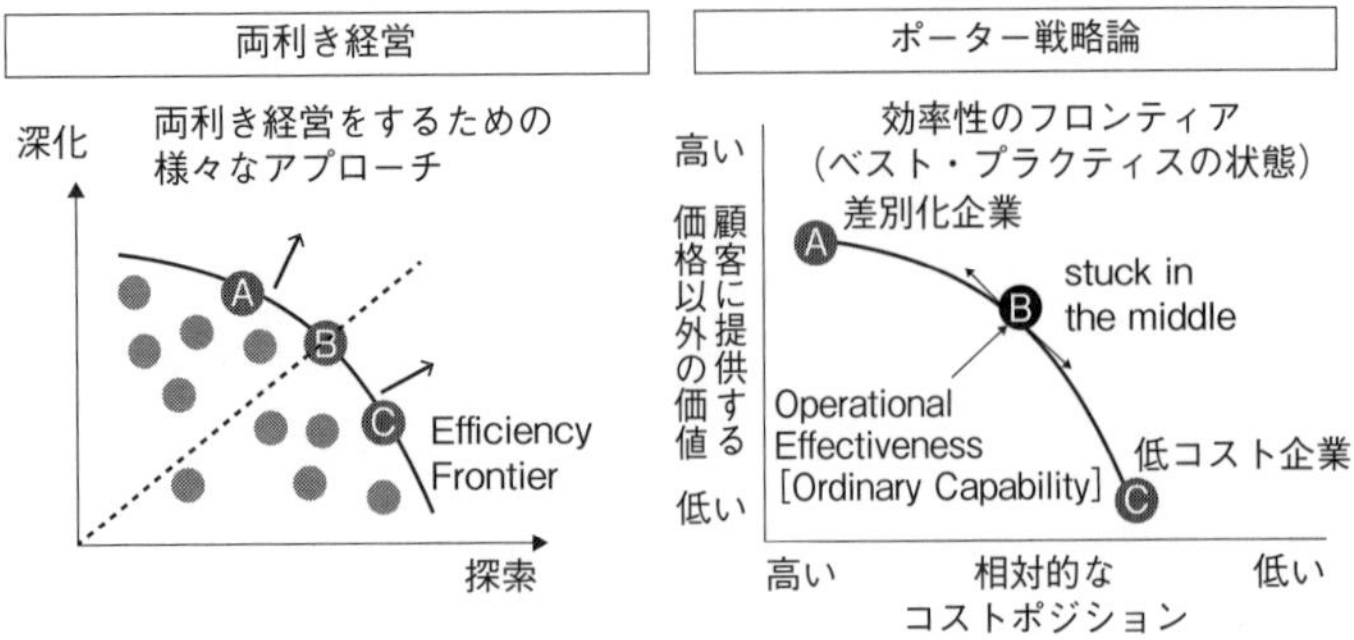

出所：Birkinshaw and Gupta, 2013, p.295, Fig.2に加筆。　出所：Porter, 1996, p.62に加筆。

図表5－14はバーキンショーとグプタ（2013）とポーター（1996）を比較するために作成したものである。バーキンショーらは両利き論をポーターの効率性フロンティアの2つの要因のトレードオフを使って説明している。ポーター（右図）は差別化とコストリーダーシップのトレードオフを表し、両利き経営（左図）は深化と探索の同様の関係を意味している。この比較から、両利き戦略には以下の3つのカテゴリーがあると指摘する（Birkinshaw and Gupta, 2013）。

一つは、効率性フロンティア曲線上に位置する企業である。この曲線上のどこかにいる企業は、業績に対する深化と探索のバランスは最適化されている。2番目は、この曲線の内側に位置する企業である。この内側にいる企業は多かれ少なかれベンチマーク（効率性フロンティア）に到達すべく、リバース・エンジニアリングや品質管理あるいは模倣などの効率化努力をしなければならない。ここに位置づけられる企業は、深化と探索の異なる目標を同時に追求するという経営能力が不足しており、その戦略的方向性は様々である。3番目は、効率性曲線を押し出しているイノベーティブな企業である。この類型には、マスカスタマイゼーションによって大量生産の効率性と多品種生産のフレキシビリティのトレードオフを調和させた企業や、グローバルな統合と各地域の市場ニーズに対する即応性のトレードオフを調和させた多国籍企業などが含まれる。

図表5－14の左と右を比較することによって、両利き経営の特徴が明らかになる。まず効率性フロンティア曲線の内側にいる企業集団は、両利きであれポーター戦略論であれ、共通してオペレーション効率を上げなければならない。この活動は現在の業務をもっとうまく行うことを志向しているので、総合的品質管理とか漸進的イノベーションであり、ポーター用語で言う「オペレーションの効率化」（Porter, 1996）を指している。ダイナミック・ケイパビリティ論であれば日常業務の「オーディナリー・ケイパビリティ」と称される活動である（Teece, 2007）。戦略論ではこの領域の改善活動は評価が低く、カイゼンが得意な日本企業には「戦略がない」（ポーター）と言われる要因となっている。ただし、ほんとうに改善活動が付加価値を生まないのかどうかは疑問の余地があろう。

ポーターと両利き経営の一番の違いはそれぞれが理想とする戦略にあることは、バーキンショーらも述べている（Birkinshaw and Gupta, 2013）。ポーターでは、理想とする企業は効率性フロンティア曲線の両端（図のA、C）で明確な差別化かコストリーダーシップかの戦略をとっている組織である。組織のすべての活動はそれぞれの戦略にフィットしていなければならない。真ん中に位置する企業（図のB）は、自己矛盾を内包した「どっちつかず（stuck in the middle）」な存在としてやがて行き詰まる企業である。だからこそ差別化と低コスト化はトレードオフ関係にある。これとは対照的に、両利き戦略でのベストポジションはむしろ「どっちつかず」のところにあることに留意したい(Birkinshaw and Gupta, 2013)。深化事業が多い両利きもあれば、探索事業により注力した両利き経営もある。両利きで否定されるのは、深化または探索のどちらか一方だけの戦略である。クリステンセンはこれを明確に分離しようとしたので、彼のイノベーション・ジレンマ論はむしろポーターの伝統を継承する戦略思考と言えるだろう。

ここでわれわれは章の最初の図にもどってみたい。伊藤忠商事会長ＣＥＯ岡藤正広氏（日経新聞２０２１年６月７日夕刊「ブリヂストン成功の理由」）が指摘された、本業が好調なうちに「将来の種」をまけということ、すなわち未来市場の「お客の声」を見抜けという指摘は、本業から得る「目の前の利益」と同時に新規事業への資源配分を説いたものである。これはハーバード大学のカンターが指摘した「現在の市場と未来の市場」の議論や「深化と探索の緊張」（両利きの経営）の議論を実務的な言葉で表現した例である。

われわれにとって次の問題は、では企業はいつ「お客の声」を聞かなければならないのだろうか、というタイミングの問題である。岡藤会長ＣＥＯが示唆したように、まさに「本業が好調なうちに」聞かなければ企業の体力がなくなってしまうし、新規事業の市場が育った後では遅すぎる。これを考えると「お客の声」を聞くべき時は短期間であろう。両利き戦略は、本業と新規事業の資産配置に適切なバランスをとって、企業の持続的な競争優位を確立しようとするものである。技術イノベーションが速い業界では、「お客の声」は短期間だけ、場合によってはほんの一瞬しか聞こえない場合があろう。

オライリーとタッシュマン（２０１６）によれば、かつてＩＢＭは業績が低迷したために初めて外部から経営者を招き入れた。それがルイス・ガースナーである。ガースナーは、なぜＩＢＭは、自社で開発した有望な新規事業を商業化できないのかを分析させた。その失敗の理由の一つは「お客の声」に関係していた。ＩＢＭの評価システムは、短期的な成果の重視と戦略的な事業構築の軽視であり「社内で報いられる有力なリーダーシップスタイルは、目の前の機会をつつがなく実行することであって、新分野を開拓することではない」（O'Reilly and Tushman, 2016＝渡部訳、２０１９、２４３頁）。すなわち「ＩＢＭは既存の市場や製品・サービスしか眼中にない。既存顧客の声に熱心に耳を傾け」（同）るようにプロセスが設計されていたから、未来の市場にも注意を払い、将来の「お客の声」は聞こえなくなっていたのである。その結果、社内に「官僚軍団」がはびこり「起業家的リーダーシップスキル」が枯渇してしまったというのである。ガースナーによる分析は、成長分野の探索と成熟市場の深化のバランスをもたらすためのＥＢＯ（Emerging Business Opportunity）プロジェクトにつながった（前掲書、２４５頁）。このように既存大企業が、成熟市場でリーダーシップを維持しながら、同時に、新規市場でも起業家精神を発揮できる戦略として、両利き論は有力であろう。

注

（1）O'Reilly and Tushman. (2021). *Lead and disrupt: How to solve the innovator's dilemma*, Second Edition. California: Stanford

University Press. の序文で Steve Blank が「両利き経営」の的確な定義をしている。"The radical idea of a company continuing to execute and *exploit* its existing business model while *simultaneously exploring* and creating new products, businesses, and business model is what O'Reilly and Tushman call *ambidexterity*."（電子版）

コラム５：指数関数的な成長

デジタル化が社会的なインパクトを持つようになった背景には、コンピュータを始めとするデジタル技術に関わるハードウェアやソフトウェアの性能の劇的な向上がある。コラム２に掲げた10のデジタル技術の殆どが２００５年以降に登場していることからもそれが伺える。例えば、ＡＩに革新をもたらしたディープラーニングは、コンピュータ性能の向上がブレークスルーの一因とされている。スマートフォンもそれ以前であれば、とても持ち運びができるものにはならかっただろう。

ＩＴやデジタル技術に関わる性能は指数関数的に成長しているという経験則がある。代表的なものはゴードン・ムーアが１９６５年に原型を提唱した「ムーアの法則」で、半導体の集積度は18カ月で2倍になるとした。これは、スタート点で1だったものが、1年半後には2、3年後には4、10年後には約１００、20年後には約１００００になることを意味している。半導体の集積度は演算の速度に関わるので、性能もそのように変化してきたと見做せる。他にも光ファイバーについて、帯域（通信速度）は半年で2倍になるといった類似の経験則が知られている。

このような性能向上が実現したのには幾つかＩＴに固有の要因がある。１つ目は、半導体の素材がシリコンだったということ。シリコンは、酸素に次いで地球上に豊富に存在する元素で、このため素材の稀少性に制約されない技術革新が可能になった。2つ目は、主要な半導体の製造工程が印刷のような2次元の技術に単純化できたということ。基本は確立した技術で労働集約的なものではないため技術革新が容易になった(1)。

ソフトウェアの特徴も要因にあげることができるだろう。ソフトウェアは、OSやデータベースなど役割毎にレイヤーとして分けられており、それぞれが独立して改善を進めていくことができる。また、一度開発したソフトウェアを土台にして、その上に改善を積み重ねていくことができるのである。開発されたソフトウェアの数は増大していき、良いものだけが残り、淘汰されていく。

指数関数的な成長が数十年にわたって続くような産業や技術は、ITの他に存在しない。極めて特殊な現象だが、流れの中では流れの速さを自覚できないように、現代人はこのようなスピードに無感覚になっているかもしれない。

MITのメディア・ラボの創設者であるニコラス・ネグロポンテは、「ビーイング・デジタル」の中で最初の日に1セントもらい、毎日金額を倍にする約束で仕事をしたらどうなるか？　という逸話を紹介している(2)。1月の総収入は約2100万ドルなのに対して、それより3日少ない2月では約260万ドルにしかならない。最期の3日間の持つ意味はそれほど大きくなる。そして、彼が「コンピューティングとデジタル・テレコミュニケーションは、いままさに飛躍的拡大を遂げる「最後の三日間」にさしかかろうとしている。」と書いたのは1995年のことだった。

2000年頃まで、非力だったITはそれが適する場所で人間の活動の効率化の一助として使われていた。しかし、その後は、インターネット、クラウド、AIなどを実現し、デジタル化という新たなステージを可能にした。そして、その後も変化のスピードを上げ続けているのである。

クリステンセンの破壊的イノベーションを説明する図[3]では、縦軸に性能、横軸に時間がとられている。顧客が利用または吸収可能な性能を示す直線の傾きに対して、技術進歩のペースを示す直線の傾きが急になっていることが、最初はローエンドな技術が破壊を起こす要因として示されている。クリステンセンの説明では、縦軸が均等目盛か対数目盛かは明示されていないが、仮に前者であり、顧客が利用可能な性能が一次関数の直線なのに対して、技術進歩が指数関数の曲線で示されたとしたら、破壊のインパクトのイメージはより激しいものになるのではないだろうか。そして、後発なほど傾きが急だとするなら、破壊が起こる間隔はどんどん短くなっていくのである。

変化を受け入れるには、個人も社会も一定の時間が必要である。性能向上のスピードが上がり、変化のスピードも上がっているとするなら、デジタル化の受容にも影響を与えているかもしれない。成長のスピードについて、今後の影響を正負両面から見ていく必要があるだろう。

（平鹿一久）

[注]

（1）池田信夫（2007）『過剰と破壊の経済学』、アスキー新書、31頁

（2）ニコラス・ネグロポンテ（1995）『ビーイング・デジタル』（福井洋一訳）、アスキー出版局、14頁

（3）クリステンセン&レイナー（2003）『イノベーションへの解』（玉田俊平太監修、櫻井祐子訳）、翔泳社、38頁、55頁

むすびにかえて：日本の創発戦略とデジタル化

日本の医療変革を考えるために、われわれはイノベーション戦略を使ってクリステンセンから両利き経営論までたどってきた。20世紀型の垂直統合企業（チャンドラー・モデル）は、近年、環境変化によってその絶大な競争優位に揺るぎが生じて、垂直から水平に、統合から協業に、クローズドからオープンにイノベーション戦略が推移してきたことも見てきた。かつては大規模な中央研究所がイノベーションの基盤であり、巨木と小さな木との支配関係は揺るぎないものに見えた。しかし今では、巨木が繁栄しすぎれば背の低い木には光が届かなくなり、小さな木や草に生息する生き物群も死滅して、やがて森全体が枯れてしまう、そんな生態系（エコシステム）の産業構造が、インターネットとデジタル技術の発展によって成立した（Suzuki, Davis, and Sasaki, 2020）。

このような分散化したネットワーク経済では、当然ながら、適応できる組織も戦略もビッグビジネス時代とは大きく変わる。このシフトの過程で、たとえば巨大な自動車会社やフィルムメーカーという巨木が倒れたのを現代人は見てきたし、インターネット企業がプラットフォームのハブ（キーストーン）企業として森の中心にいるように育ったことも見てきた。今では、われわれの生活は、健康も含めてビジネス・エコシステムに依存している。

最後に、両利き戦略を日本の組織（一般企業から医療まで）に適応する可能性について考えてみよう。アメリカ企業とちがい日本企業では終身雇用制度がベースになっているから、クリステンセン流に破壊的ユニットを簡単にスピンアウトすることはできない。新卒一括採用と定年制度という入口と出口が日本企業の組織構造と文化を規定している。メンバーシップ型企業の製品開発（イノベーションの典型として）の強みは、創発と対話にある。イノベーションにおける「対話」の役割について、マサチューセッツ工科大学の経済学者レスターとピオーリがその重要性を指摘している。レスターは『Made in America』（1988）の調査で知られ、ピオーリはデトロイト型の大量生産方式の硬直性を国際比較によって解明した『第二の産業分水嶺』（１９８４）で著名な研究者である。レスターとピオーリは『イノベーション』（Lester and Piore, 2004＝依田訳、２００６）において以下のような結論にいたった。

「新製品開発プロセスにおいては、解釈的思考と分析的思考とは永続的に緊張関係にある。この緊張関係は避けることのできない必然的なものであり、革新的事業の推進にあたって必ず直面する主要な経営課題である」（前掲書、１５５頁）。

「対話」は「解釈的思考（interpretation）」の手段であり、新製品開発においてデザイナーと顧客の間で、あるいは組織や共同体内のさまざまな部門の間で行われる活動である。イノベーションは解釈的思考によって始まる。その初期段階では、当事者間のちょっとした解釈のズレや誤解によってコミュニケーションが崩壊しやすい。この段階では「対話」ができる組織環境をマネジメントすることが重要になる。

対照的に分析的思考（analytical approach）は、明確に定義された目標が存在するとき、たとえばマネジャーとエンジニアがその目標にむけて製品を最適化するときに行われる。この段階では、プロジェクトにイノベーションの焦点が移っており、決められたスケジュールどおりにイノベーションを進めることがマネジメントの課題になる。したがってここではコミュニケーションとは「対話」ではなく、情報の正確な交換（モールス信号のような）を意味する。

革新的事業（innovative businesses）は、レスターとピオーリによれば「対話」のコミュニケーションから始まる。初代の携帯電話は、無線通信（ラジオ）と有線通信（電話）のそれぞれのエンジニア間の「対話」によってうまれた。無線通信と有線通信のエンジニアリング文化には根深い溝があった。無線はカウボーイのような文化であり、経験主義的で現場でためしてみる実践主義だったが、有線の電話機産業は交換機を主要部品とする品質第一の技術文化だった。その対照的な2部門を社内に持っていたのはエリクソン社だった。エリクソンが携帯電話のイノベーターとなったのは、対立的な複数の基礎技術の根深い溝を統合（integration）する組織ケイパビリティがエリクソンにあったからである。

対話による創発的なイノベーションは、日本の組織文化でありグローバル企業から模倣されにくいお家芸である。解釈的思考と分析的思考の棲み分けを可能にする組織デザインと経営戦略が、ビジネス・エコシステム時代の日本企業にとって有力な選択肢になるのではないだろうか。解釈は対話であり、「場」の知識創造に通じる一方で、分析は客観的なデータや情報による予測能力に通じる。デジ

図表5－15　「体面的な場」＆DX＝両利き組織

米国型企業とDX
・業務プロセス（value chain process）に忠実に組織化されている→DXによる効率化
・デメリット：「従業員をあまりにも厳格にプロセスに縛り付ける、その人たちの横方向の資源から切り離す、組織を臨機応変の行動や新しいアイデアに対して無関心にしてしまう」（シーリー・ブラウンほか、2000＝宮本訳、2002、143頁）

日本企業と創発
・プラクティス（practice, community of practice 実践の共同体）に忠実に組織化
・機能的なバリューチェーン（縦の業務プロセス）＋プラクティス（水平の知識交換）
・情報（形式知、数値）＋知識（暗黙地、社会的）
・知識は「共同体」のなかで育ち「人」にくっついて移動する
・職場の同質化（クローン集団）により創発能力が枯渇

出所：Seely Brown, John and Duguid, Paul (2000). *The Social Life of Information*, Boston: Harvard Buisiness Press.（宮本喜一訳「なぜITは社会を変えないのか」日本経済新聞社、2002）を参照して筆者作成

タル化は分析を基盤とし、冗長性のある解釈的アプローチは価値観の多様性に基づいている。日本企業は、そのどちらも戦略的に取り入れるような組織デザインをすることによって、解釈的アプローチに弱い欧米企業にはない競争優位を持つことができるであろう。組織デザインはグランドデザインつまり戦略そのものであり、戦術レベルは個別の人事制度変革、賃金制度変革、生産管理等々の実務から成る。

医療は、一般の事業以上にイノベーションとコミュニケーションが不可分につながっている。医師と患者のコミュニケーションだけでなく、産業全体に医師とサプライヤー間のコミュニケーションがイノベーションの基盤となる。一例をあげればオリンパスが内視鏡の開発に医師とのコミュニケーションを活用して成功を収めたように、ヘルスケアシステムのデジタル化は、医療供給側のみ

ならず患者と医療者および患者コミュニティの間で「対話」を進める。このプロセスは、自動車の研究開発部門とセールス部門、セールス部門と顧客がそれぞれ「対話」によって結びついているのと同じである。

しかし創発にも欠点はある。それは同質性の高いメンバーシップ型組織では、対話するメンバーが同じ価値観、発想、ルーティンによって拘束されてしまいイノベーションが生まれないことである。これを英国タイムズ紙のジャーナリスト、マシュー・サイドは「クローン集団化」（サイド『多様性の科学』ディスカバー、2021）と呼んでいる。実際、最近は日本の多くの実務家が自分の職場や会社のこととして「クローン集団化」の傾向を指摘している。この浮き彫りになってきた創発戦略の限界を、組織デザインの変革はもとよりデジタルによるオープン化で補完することは可能だろうか。

2020年に始まった新型コロナ禍は、世界の医療システムの転換点になった。今回のつらい経験から日本社会は何を学び、どのように将来に備えるかが、今、問われている。とりわけ医療のデジタル化は優先順位の高い政策課題になった。これについて、アクセンチュアのアジア・パシフィック医薬品・医療機器産業グループ統括マネジングディレクターの永田満（2017）は次のように述べている。団塊世代が75歳を超えて国民の5人中1人が後期高齢者になる「2025年問題」といわれるように、日本社会はまもなく世界でも例を見ない超高齢社会となる。このとき医療介護は既存のシステムのままでは崩壊するのではないかというのである。国は1990年代後半から医療制度改革を進めてきた。基本的には「病院から在宅へ」という患者の流れをつくろうというグランドデザインと、その政策の下にあるさまざまな具体策および目標（地域包括ケアシステム計画）がある。この改革は日本のヘルスケアを欧米型にシフトさせるかもしれないとアクセンチュアは予測している。さらに、人口の超高齢化だけではなく医療技術の発展も、日本のヘルスケア産業を変える追い風になるとも述べている（永田、２０１７）。

マクロ的には永田（２０１７）の言うとおりかもしれない。しかし問題は、マクロな経済を動かしているミクロな主体つまり各組織がどのようにデジタルなイノベーションを推進するかにかかっている。医療においても、日本的な対話・創発とデジタル・分析との両利き戦略が成功するように期待するばかりである。

コラム6：デジタル技術と「対話」

ここまではデジタル技術を変化の要因としてとらえてきたが、デジタル技術は、変化を促すツールにもなる。「対話」は探索を生むための場となるものだが、「対話」を促すにもデジタル技術を活用することができるのである。

ＩＴが効率化、デジタル技術が価値創造に関わるということはコミュニケーションの分野でも当てはまるだろう。ＩＴはこれまで、電子メールやグループウェアなど情報伝達の効率化に主眼を置いてきたが、デジタル技術は、コミュニケーションの障壁を下げることに効果をあげている。オンライン会議は、会議の距離的な障害を取り払い、ＡＩを活用したリアルタイムの翻訳機能は言語の壁を取り払うのに役立っている。

また、伝達内容の理解を助けるためにＡＲ／ＶＲを活用するツールも開発されている。対話には相手やコンテキストの理解が重要だが、それらを補うために対話に先立ってオンラインで情報収集することが一般になってきている。そのような情報をＡＩによって自動収集、提供するアシスタントアプリが近未来のツールとして構想されている。

チャットツール（短いメッセージのやりとり）を業務で活用できるようにデザインされたビジネスチャットツールも普及してきている。これらはコミュニケーションを活発にし、組織文化をフラットなものに変えることに一役買っている。ツールにより利便性が一定水準を超えると行動様式を変えることができるのである。

さらに、ビジネスチャットツールでは、チャットを蓄積し、それを組織内で共有し、検索することができる。東京工業大学の事例(1)では、学内の職員同士が簡単に繋がれるようになったことが紹介されている。ツールは対話の場作りや相手探しにも効果があるといえるだろう。

製品開発や事業企画で、デザイン業務で用いられている考え方や手法を使い、ユーザーの真の問題を見出し、解決方法を創出する「デザイン思考」を取入れることが増えている。「デザイン思考」をサポートするツールとして、ブレインストーミングのサポートツール、マインドマップの作成と共有を行うツール、プロトタイプを作成するツールなどが登場しているが、これらは「対話」を促進するためにも役立つだろう。

デジタル技術を「対話」に活かすことは、今後のデジタル技術の有望な用途となる可能性がある。「対話」自体は人間しかできない。しかし、デジタル技術は「対話」をサポートし、より意義のあるものにすることができる。今後のデジタル技術の活用に期待していきたい。

（平鹿一久）

[注]

（1）https://news.mynavi.jp/itsearch/article/bizapp/5613

参考文献

Anthony, S. D., Johnson, M. W., Sinfield, J. V., and Altman, E. J.（2008）. *The Innovator's Guide to Growth: Putting Disruptive Innovation to Work.* Boston: Harvard Business School Press.（栗原潔訳『イノベーションへの解・実践編』翔泳社、２００８）

Birkinshaw, J. and Gupta, K.（2013）. Clarifying the distinctive contribution of ambidexterity to the field of organization studies. *Academy of Management Perspectives*, 27（4）, 287-298.

Bower, J. L., and Christensen, C. M.（1995）. Disruptive technologies: Catching the wave. *Harvard Business Review*, 73（1）, 43-53.（DIAMOND ハーバード・ビジネス・レビュー編集部訳「イノベーションのジレンマ」『クリステンセン経営論』ダイヤモンド社、２０１３、１～30頁）

Burgelman, R. A.（１９９１）. Intraorganizational ecology of strategy making and organaizational adaption: Theory and field research. *Organaization Science*, 2（3）, 239-262.

Chandler, A. D. Jr.（1962）. *Strategy and Structure: Chapters in the History of the American Industrial Enterprise.* Cambridge, MA.: The MIT Press.（三菱研究所訳『経営戦略と組織』実業之日本社、１９６７：有賀裕子訳『組織は戦略に従う』ダイヤモンド社、２００４）

Chandler, A. D. Jr.（1977）. *The Visible Hand: The Managerial Revolution in American Business*, The Belknap Press of Harvard University Press, 1977.（鳥羽欽一郎・小林袈裟治訳『経営者の時代：アメリカ産業における近代企業の成立』東洋経済新報社、上下、１９７９）

Christensen, C. M.（1992a）. Exploring the limits of the technology S-curve. Part I: Component technologies. *Production and Operations Management*, 1（4）, 334-357.

Christensen, C. M.（1992b）. Exploring the limits of the technology S-curve. Part II: Architectural technologies. *Production and Operations Management*, 1（4）, 358-366.

Christensen, C. M.（1993）. The rigid disk drive industry: A history of commercial and technological turbulence. *Business History Review*, 67（4）, Winter 1993, 531-588.

Christensen, C. M., and Bower, J. L.（1996）. Customer power, strategic Investment, and the failure of leading firms. *Strategic Management Journal*, 17（3）, 197-218.（岡真由美ほか訳「顧客の力、戦略的投資、そして大手企業の失敗」『技術とイノベーションの戦略的マネジメント』翔泳社（上）、２００７、２６７～２８８頁）

Christensen, C. M.（1997）. The innovator's dilemma: When new technologies cause great firms to fail. Boston: Harvard Business School Press.（伊豆原弓訳『イノベーションのジレンマ』翔泳社、２００１）

Christensen, C. M. and Overdorf, M.（2000）. Meeting the challenge of disruptive change. *Harvard Business Review*, March-April 2000, 66-76.（DIAMOND ハーバード・ビジネス・レビュー編集部訳「イノベーションのジレンマへの挑戦」『クリステンセン経営論』ダイヤモンド社、２０１３、63～95頁）

Christensen, C. M., and Raynor, M. E.（2003）. *The Innovator's Solution: Creating and Sustaining Successful Growth*. Boston: Harvard Business School Publishing.（櫻井祐子訳『イノベーションへの解』翔泳社、２００３）

Christensen, C. M., Anthony, S. D., and Roth, E. A.（2004）. *Seeing What's Next: Using theories of innovation to predict industry change*. MA: Harvard Business School Publishing.（櫻井祐子訳『イノベーションの最終解』翔泳社、２０１４）

Christensen, C. M. and Grossman, J. H.（2008）. The Innovator's Prescription: A Disruptive Solution for Health Care, McGraw Hill.（山本雄士・的場匡亮訳『医療イノベーションの本質』碩学舎、２０１５）

Christensen, C. M., Ojomo, E., and Dillon, K.（2019）. *The Prosperity Paradox*. New York: Haper Collins Publishers.（依田光江訳『繁栄のパラドクス』ハーパーコリンズ・ジャパン、２０１９）

Day, G. S. and Schoemaker, P. J. H., ed.（2000）. *Wharton on Managing Emerging Technologies*. John Wiley & Sons International.（小林陽太郎監訳『ウォートンスクールの次世代テクノロジー・マネジメント』東洋経済新報社、２００２）

Davis, S. T., Suzuki, S. and Sasaki, H.（2019）. Systems, scales & stakeholders: A framework for designing business ecosystems.

『日本情報経営学会誌』39(2)、15-31

Davis, S. T., and Suzuki, S. (2021). Sense making, organizational. In Idowu, S., et al. (ed.), *Encyclopedia of Sustainable Management*, Springer (on line).

Deming, D. J. (2017). The growing importance of social skills in the labor market. *The Quarterly Journal of Economics*, 1593-1640.

Elton, J. and O'Riordan, A. (2016). *Healthcare Disrupted: Next Generation Business Models and Strategies*, John Wiley & Sons. (川木俊哉訳『ヘルスケア産業のデジタル経営革命』、日経ＢＰ社、２０１７)

Ferlie, E., and Shortell, S. (2001). Improving the quality of health care in the United Kingdom and the United States: A framework for change. *Milbank Quarterly*, 79 (2), 281-303.

Glied, S., and Smith, P. C. (2013). *The Oxford Handbook of Health Economics*. Oxford University Press.

Gordon, R. J. (2016). *The Rise and Fall of American Growth*. Princeton University Press. (高遠裕子・山岡由美訳『アメリカ経済：成長の終焉』上下、日経ＢＰ社、２０１８)

Grossman, M. (1972). On the concept of health capital and the demand for health. *Journal of Political Economy*, 80 (2), 223-255.

Henderson, R. M. and Clark, K. B. (1990). Architectural innovation: The reconfiguration of existing product technologies and the failure of established firms. *Administrative Science Quarterly*, 35 (1990), 9-30.

Iansiti, M. and Levien, R. (2004). *The Keystone Advantage*. Boston: Harvard Business School Press. (杉本幸太郎訳『キーストーン戦略：イノベーションを持続させるビジネス・エコシステム』翔泳社、２００７)

Kanter, R. M. (2013). Innovation: The classic traps. In *HBR's 10 must reads: On innovation*. Boston: Harvard Business School Publishing, 101-124. (DIAMOND ハーバード・ビジネス・レビュー編集部訳「イノベーションの罠」『イノベーションの教科書』ダイヤモンド社、２０１８、１７１～２０８頁)

Kotter, J. P. (1990). A Force for Change: How Leadership Differs from Management. New York: Free Press.

Langlois, R. N. (2003). The Vanishing Hand: The Changing Dynamics of Industrial Capitalism. *Industrial and Corporate Change*, 12 (2), 351-385.

Leonard-Barton, D. (1992). Core capabilities and core rigidities: A paradox in managing new product development. *Strategic Management Journal*, 13, 111-125.

Levinthal, D. A. and March, J. G.（1993）. The myopia of learning. *Strategic Management Journal*, 14, 95-112.

Mahoney, J. T., and Pandian, J. R.（1992）. The resource-based view within the conversation of strategic management. *Strategic Management Journal*, 13（5）, 363-361.

March, J. G.（1991）. Exploration and exploitation in organizational learning. *Organization Science*, 2（1）, 71-87.

March, J. G., and Simon, H. A.（1958）. *Organizations*. John Wiley and Sons.（高橋伸夫訳『オーガニゼーションズ』ダイヤモンド社、２０１４）

McAfee, A. and Brynjolfsson, E.（2017）. *Machine, Platform, Crowd*, W. W. Norton & Company.（『プラットフォームの経済学』村井章子訳、日経ＢＰ社、２０１８）

Milgrom, P., and Roberts, J.（1992）. *Economics, Organization and Management*, Englewood Cliffs, NJ.: Prentice Hall（奥野正寛他訳『組織の経済学』ＮＴＴ出版、１９９７）.

Mkanta, W. N., et al.（2016）. Theoretical and methodological issues in research related to value-based approaches in healthcare. *Journal of Healthcare Management*, 61（6）, 402-419.

Johnson-Lans, S.（2005）. *A Health Economics Primer*. Addison-Wesley.

O'Reilly, C. A., and Tushman, M. L.（2016）. *Lead and disrupt: How to solve the innovator's dilemma*, Second Edition. California: Stanford University Press.（渡部典子訳『両利きの経営』東洋経済新報社、２０１９）

Piscione, D. P.（2013）. *Secrets of Silicon Valley: What Everyone Else Can Learn from the Innovation Capital of the World*. St. Martin's Press.（桃井緑美子訳『シリコンバレー最強の仕組み』日経ＢＰ社、２０１４）

Porter, M. E.（1996）. What is strategy? *Harvard Business Review*, Nov-Dec, 61-78.

Porter, M. E., and Teisberg, E. O.（2006）. *Redefining Health Care: Creating value-based competition on results*. Boston: Harvard Business Press.（山本雄士訳『医療戦略の本質』日経ＢＰ社、２００９）

Porter, M. E.（2010）. What is value in health care? *New England Journal of Medicine, 363*（26）, 2477-2481.

Porter, M. E., and Lee, T. LI.（2013）. The strategy that will fix health care. *Harvard Business Review*, 91（10）, 50-70.

Simon, H. A.（1945）. Administrative Behavior: A Study of Decision-Making Processes in Administrative Organization. Free Press.（二村敏子・桑田耕太郎・高尾義明・西脇暢子・高柳美香訳『新訳経営行動』ダイヤモンド社、２００９）

Suzuki, Shuichi（1995）. Tradition and modernity in Japanese management. In Ai-Yun Hing, Ooh-Kam Wong, Gert Schmidt（Ed.),

Cross Cultural Perspectives of Automation: The Impact on Organizational and Workforce Management Practices, Berlin: Edition Sigma, 333-359.

Suzuki, Shuichi., Davis, S. T., and Sasaki, H. (2020). Business ecosystems. In Idowu, S., et al. (Ed.), *Encyclopedia of Sustainable Management*, Springer (on line).

Suzuki, Shuichi, Sasaki, H., and Davis, S. (2021). Corporate Social Responsibility in Japan: Responsible Business in a changing Japan. In Idowu, S. O., ed., *Current Global Practices of Corporate Social Responsibility*, Springer, 745-775.

Teece, D. J. (1998). Capturing value from knowledge assets: The new economy, markets for know-how, and intangible assets. *California Management Review*, 40 (3), 55-79.

Teece, D. J. (2007). Explication Dynamic Capabilities: The Nature and Microfoundations of (Sustainable) Enterprise Performance. *Strategic Management Journal*, 28, 1319-1350.（谷口和弘他訳『ダイナミック・ケイパビリティ戦略』ダイヤモンド社、２０１３）

Winter, S. G. (2003). Understanding dynamic capabilities. *Strategic Management Journal*, 24, 991-995.

Weber, M. (1922). *Wirtschaft und Gesellschaft*. Tubingen: J. C. B. Mohr.（世良晃志郎訳『支配の社会学（Ⅰ・Ⅱ）』創文社、１９８１）

Zweifel, P. (2012). The Grossman model after 40 years. *European Journal of Health Economics*, 13, 677-682.

ベイカレント・コンサルティング（２０１６）『デジタルトランスフォーメーション』日経ＢＰ社

クリステンセン「ビジネスモデル・イノベーションの原則」ダイヤモンド・ハーバード・ビジネスレビュー編集部訳『クリステンセン経営論』ダイヤモンド社、２０１３）

橋本英樹・泉田信行編（２０１６）『医療経済学講義・補訂版』東京大学出版会

井伊雅子・五十嵐中・中村良太（２０１９）『新医療経済学―医療の費用と効果を考える』日本評論社

池田陽平（２０１７）「健康・医療戦略で変わる日本」『一橋ビジネスレビュー』２０１７ ＡＵＧ、８-25頁

亀川雅人・鈴木秀一（１９９７：第2版、２００３：第3版、２０１１）『入門経営学』新世社

真野俊樹（２００６）『入門医療経済学』中公新書

真野俊樹（２０１７）『医療危機―高齢社会とイノベーション』中公新書

小塩隆士（２０２１）『日本人の健康を社会科学で考える』日本経済新聞出版

永田満（２０１７）「激変前夜、日本のヘルスケアビジネスへの提言と処方箋：リスクをチャンスに変える四つの次世代ビジネスモデル」inエルトンとオリオーダン『ヘルスケア産業のデジタル経営革命』日経ＢＰ社、２０１７）
鈴木秀一（１９９３：増訂版、１９９７）『経営文明と組織理論』学文社
鈴木秀一（２００２：改訂版、２０１０）『入門経営組織』新世社
鈴木秀一（２００２）「組織の論理と個人の価値観をいかに整合させるか」『リーダーシップ・ストラテジー』２００２年秋号１(3)、ダイヤモンド社、１３４～１４３頁
鈴木秀一編著（２００６）『企業組織とグローバル化：株主・経営者・従業員の視点』世界思想社
鈴木秀一・齋藤洋編著（２００６）『情報社会の秩序と信頼：ＩＴ時代の企業・法・政治』税務経理協会
鈴木秀一（２０１０）「日本企業の変容：経営と組織」西原一久・由井清光編『現代人の社会学入門』有斐閣、第5章
鈴木秀一（２０１１）「官僚制組織理論の再検討：合理性モデルの方法論的再考」日本経営学会編『経営学論集』81、千倉書房、１６０～１６１頁
鈴木秀一（２０１６）「日本企業の組織と戦略：組織理論の視点」立教大学経営学部編『善き経営：GBIの理論と実践』丸善雄松堂、27～71頁
鈴木秀一・細萱伸子・出見世信之・水村典弘編著（２０１７）『経営のルネサンス：グローバリズムからポストグローバリズムへ』文眞堂
鈴木秀一（２０１７）「イノベーション戦略と組織プロセス」上掲『経営のルネサンス』文眞堂、２～27頁
鈴木秀一（２０１８）「資源ベース戦略論と人的資源管理」白木三秀編著『人的資源管理の力』文眞堂、２９４～３１１頁
鈴木秀一、スコット・デイヴィス、佐々木宏（２０１９）「ビジネス・エコシステム：組織論と経営戦略論からの射影」『日本情報経営学会誌』39(2)、４～15頁
渡辺英克（２０１９）『患者目線の医療改革』日本経済新聞出版

（鈴木秀一）

おわりに

新型コロナ禍は、現代医学と医療従事者の偉大な貢献をあらためて明らかにした。経営学が医療サービスの効率化に貢献できる可能性も少なくない。実際、本書でその一部をとりあげたように、欧米では経営戦略論による医療の組織や活動についての研究蓄積がある。

われわれは、本書の一部を日本マネジメント学会で報告し、経営学者の視点からの討議の機会を持った（鈴木秀一・羽田明浩・平鹿一久「ウイズコロナのヘルスケア経営戦略――両利き経営の可能性」全国研究大会、２０２１年10月２日）。その際の貴重なコメントはたいへん参考になった。討議に参加された先生方には記して感謝したい。なお、当日の発表では「両利き経営」論を軸にして医療組織を考察したが、本書では「両利き経営」についての詳細な説明は省いた。また、ダイナミック・ケイパビリティ戦略からの分析も本書では触れなかったことをお断りしたい。これらについての考察は次の機会に譲る予定である。

本書の共同研究から、私は日本の医療変革にはデジタル化が不可欠であることを学んだ。ただし、ＤＸはすべての国に普遍的に適合する万能薬であるとは私には思えない。むしろ重要なことは、デジタル化が日本型の医療組織に与えるインパクトを組織トップが認識することであり、またそのインパクトを解決するための組織能力（組織管理層のマネジメント能力を含む）を組織内に蓄積することである。ヘルスケアは、生命を直接的に扱う特殊な領域であり、それだけに国ごとに組織マネジメントの多様性がある。各国のヘルスケアの根本には「健康とは何か」についての社会的な価値基準が存在する。この文化的な基準を土台として、それぞれの国に制度化されたのがヘルスケアである。したがって、ＤＸも日本の医療組織に適応的なデジタル技術と運用を模索するべきであろうと私は思う。

最後に、本書の執筆中、古典が持つ意義と限界を考えさせられた。ポーターやドラッカーはもう古いという論者もいるが、その時代に合わせて読み返されて、問題解決のヒントを与えるのが古典である。ただし、古典理論が普遍的に適応できるわけではないことはデジタル技術の適応と同様である。4章で述べたように、ドラッカーの経営学は今日の多様化した社会における「健康」の価値基準を考えるためには必ずしも万全ではないのである。それはチャンドラーモデルの企業が、今日のオープン・イノベーションとビジネス・エコシステムにおいて必ずしも競争優位の源泉とならないことと同様である。ロシアのウクライナ侵攻でグローバル化（グローバル・サプライチェーンと冷戦後のグローバルマーケット）の時代が突然終わったように、永続するかに見えた環境もある日突然変わる。時代はつねに変動しているのである。自然科学とは対照的に社会科学では理論の限界は自明である。しかし古典的な理論は、予測不可能な今日こそ、分析フレームワークを模索するための有用なツールとなりうるのである。

お名前をあげるのは差し控えるが、この研究の理論的ヒントを与えてくださった多くの先生方や友人たちに、また立教大学の大学院と経営学部の鈴木ゼミの大学院生と学生の皆さんに心から感謝いたしたい。

２０２２年４月24日

立教大学名誉教授　鈴木秀一（博士・経営学）

【ヤ行】

【ラ行】

索　引

平鹿一久（ひらか・かずひさ）　コラム

日本マイクロソフト　マイクロソフトテクノロジーセンター　テクニカルアーキテクト
1961年生まれ。1985年慶應義塾大学商学部卒業。1997年野村総合研究所入社。2016年株式会社セブン銀行入社。2022年より現職。
主要著書
『情報社会の秩序と信頼：IT時代の企業・法・政治』（共著）税務経理教会，2006年

著者略歴

羽田明浩（はねだ・あきひろ） 第1，2，3章

国際医療福祉大学　医療マネジメント学科・同大学院医療福祉学研究科教授
博士（経営学）立教大学
1962年生まれ。1986年立教大学経済学部卒業，三井銀行（現三井住友銀行）入行。2013年同大学院経営学研究科博士課程修了，三井住友銀行勤務を経て，2013年国際医療福祉大学大学院准教授。2018年より現職。
主要著者
『医療経営戦略論』創成社，2021年
『ナースのためのヘルスケアMBA』創成社，2017年
『競争戦略論から見た日本の病院』創成社，2015年

鈴木秀一（すずき・しゅういち） 第4，5章

立教大学名誉教授，博士・経営学
1955年生まれ。1984年慶應義塾大学大学院社会学研究科社会学専攻博士課程単位取得退学。1984年慶應義塾大学大学院商学研究科研究生（日本学術振興会奨励研究員）。高崎経済大学経済学部専任講師，立教大学経済学部教授を経て，立教大学経営学部教授，2021年立教大学経営学部を定年退職，現在名誉教授。2017年ビジネスクリエーター研究学会会長，現在に至る。
主要著書
『経営文明と組織理論』学文社，1993年
『入門経営組織』新世社，2002年
『情報社会の秩序と信頼：IT時代の企業・法・政治』（共編著）税務経理協会，2006年
『経営のルネサンス：グローバリズムからポストグローバリズムへ』（共著）文眞堂，2017年
論文（共同執筆）
"Corporate Social Responsibility in Japan: Responsible Business in a Changing Japan," in S. O. Idowu Edit., *Current Global Practices of Corporate Social Responsibility*, Springer, 2021, pp.745-775.

ポストコロナのヘルスケア経営戦略

2022 年 5 月 31 日第 1 版第 1 刷発行　　検印省略

著　者——羽田明浩

鈴木秀一

平鹿一久

発行者——前野　隆

発行所——株式会社 文 眞 堂

〒 162-0041 東京都新宿区早稲田鶴巻町 533

TEL：03（3202）8480 / FAX：03（3203）2638

URL：http://www.bunshin-do.co.jp/

振替 00120-2-96437

製作………モリモト印刷

ISBN978-4-8309-5180-0 C3034

定価はカバー裏に表示してあります